W0299662

Le petit mercure

Collection créée par Colline Faure-Poirée
Suivi éditorial par Jean-Michel Décimo

Le goût des déserts

Textes choisis et présentés
par Françoise Benassis

Mercure de France

ISBN 978-2-7152-2628-9

SOMMAIRE

ARPENTEURS DE DÉSERTS

CARAVANES DE LA SOIF

DRÔLES DE NOMADES

INTRODUCTION

Le rien et le tout. L'aveuglement et la contemplation. Le noir et le spectre blanc des couleurs épuisées. L'horizon courbe comme en haute mer. Le rapprochement inouï des étoiles. Certaines nuits à portée de main. Tous les règnes se déroulent indifférents à passer du mental à la réalité ou l'inverse. Lieu sur terre où se devance la caresse de l'éternité.

Le désert totalise tous les mondes à la fois par les sensations qu'il induit dans l'imminence ou la frustration. Défini par son aridité, le paradoxe est qu'au désert, même au Ténéré, il semble que l'eau envahisse tout en se confondant avec la lumière qui inonde. On perçoit cette eau narguant le sable, agaçante, proche, là, juste en dessous… Comme pour les étoiles, tendre la main pour en retenir un peu dans le creux de la paume. Pour couronner l'aventure du désert et de l'eau, les ergs viennent mourir en bordure de mer en Mauritanie, sur le rivage de l'océan Indien… accouplant les contraires dans une harmonie troublante.

Le désert s'arroge le droit divin de dissoudre le temps dans l'espace. Le parcours hors piste, sur les traces nomadisantes, s'évalue en temps. La distance en tant que telle est abolie. Un territoire se comptabilise en « deux mois de marche en largeur et autant en longueur »… Un autre peut se répartir en soixante-dix nuits de marche. Toutes les données terriennes sont rebrassées. Les aborigènes d'Australie ont créé et se transmettent ces fameux chants des pistes pour cartographier en mémoire leurs patrimoines. Au désert, la musique a su se faire géographe. Quel paysage de notre planète peut revendiquer pareille alchimie ?

Apprendre à vivre au désert, c'est aussi accepter l'épuisement de la beauté dans des excès et des fulgurances qui se défient. « Le désert abstrait, c'est une ligne rose et une ligne bleue, le sable et le ciel », écrivait Maxime du Camp dans sa critique du Salon de 1864. À ceci près que le désert est toujours l'abstraction de la vie sempiternellement remise en question. Aussi dépouillé de lui-même qu'une peau de lapin retourné, l'être humain recommence l'histoire de son humanité. Sa propre préhistoire en somme.

Tenir face à soi dans ses peurs et ses folies interchangeables. Tous les arpenteurs de désert sacrifient à cette bascule des pôles. L'esprit et la chair se détachent et s'éloignent, l'ascèse fortifiant l'imagination qui se prend, au final, pour de la pensée. L'expérience limite de ces vertiges a des dérives de drogue et l'accoutumance qui va avec.

Le désert fascine autant ceux qui en rêvent que ceux qui y vivent un temps. Il est l'autre monde. L'envers de soi qui prend à contre-pied tous les endroits. Si au désert, on se retrouve privé de tout par définition, chaque détail, chaque pulsation, prennent une valeur inédite à cause « du superflu rongé par la lumière ». C'est la finesse d'observation du peintre kabyle Mohamed Bouzid qui, descendu de ses montagnes taillées à la serpe, succomba sans frein à l'ivresse qui brûle du dehors et du dedans.

Un autre peintre, venu d'outre-Méditerranée, sortit de lui-même transporté à la mode des extases mystiques : « J'étais sur une terrasse au-dessus de l'oasis, en vue du désert, au plein sud, peignant malgré le vent, malgré le sable, malgré les dalles qui me brûlaient les pieds, les murs qui me brûlaient le dos, ma boîte à couleurs qui ne tenait pas sur mes genoux, peignant comme tu l'imagines avec des couleurs à l'état de mortier, tant elles étaient mêlées de sable. » Eugène Fromentin décrit ainsi ses envolées où le sable se fait peinture. Sa frénésie de piquer à la pointe du pinceau les opéras de lumière que le désert prodigue, le rendit aveugle plusieurs jours durant.

Le Sahara, de l'Atlantique à la mer Rouge contient tous les déserts. Du reg aux sempiternelles pierres, aux tassilis, plateaux étagés dans des désordres cosmiques, aux défilés coupe-gorge, aux massifs montagneux, aux sebkras arides à la croûte desséchée par le sel affleurant, aux ergs qui finissent par s'accroupir en majesté… Il ne manque que la glace, puisque des photos en témoignent, il aurait neigé sur certaines dunes.

Par le monde, chaque désert a sa personnalité liée à ses conditions climatiques particulières et aux cultures de ses peuples nomades. De grandes constantes persistent : dépendre d'un troupeau pour survivre, mémoriser les itinéraires et la qualité des campements, transmettre de génération en génération ce patrimoine de trajets qui constituent l'immense boucle de ce que nomme errance le sédentaire ignorant. Un nomade n'erre que si par malheur il s'égare. Il se déplace sur des latitudes et des longitudes connues seulement de lui et des siens.

Les légendes des déserts se nourrissent aussi des périples de leurs arpenteurs étrangers. Nomades par vocation qui défièrent leurs limites et les firent reculer. Gens dont Mark Twain disait : « Ils l'ont fait parce qu'ils ne savaient pas que c'était impossible. »

Françoise BENASSIS

ARPENTEURS DE DÉSERTS

MARCO POLO

Galérien voyageur

Prémices du XIIIe siècle, un Vénitien vaincu, valeureux commandant de galère, est fait prisonnier par les Génois. Messer Marco Polo, comme il se plaît à se dénommer lui-même, tient salon dans sa geôle très fréquentée par toutes sortes de visiteurs. Ils écoutent bouche bée le récit de vingt-quatre années de voyage en Perse, Tartarie, Inde, Chine…

Lop[1] est une grande cité qui est à l'entrée du désert qui est appelé le désert de Lop : il est entre l'est et le nord-est. Cette cité est au Grand Khan. Les gens adorent Mahomet. Et je vous dis que ceux qui veulent passer ce désert se reposent en cette ville une semaine pour rafraîchir eux et leurs bêtes. Et puis s'apprêtent et prennent leurs vivres pour un mois, pour eux et leurs bêtes. Et ils partent de cette cité et entrent au désert. Il est si long qu'on dit qu'en un an on ne pourrait chevaucher d'un bout à l'autre. Et là où il est le moins large, on met à le passer un mois. Ce sont tous monts et vallées de sable, et on n'y trouve rien à manger. Mais quand on a chevauché un jour et une nuit, on trouve de l'eau douce tant qu'il en faudra pour cinquante personnes ou cent,

1. Lob, au sud-est de Kharashar. Le désert de Lop, c'est le désert de Gobi.

avec leurs bêtes, mais pas pour plus. En quatre lieux, l'eau est mauvaise et amère, ailleurs elle est douce, et cela en bien vingt-huit sources. Bêtes n'y a, car elles ne trouveraient que manger. Mais on trouve une telle merveille que je vous dirai. Quand on chevauche de nuit par ce désert, s'il advient qu'aucun s'attarde et se sépare de ses compagnons pour dormir ou pour autre chose, quand il pense repartir et rejoindre sa compagnie, il entend parler des esprits qui semblent être ses compagnons, car ils l'appellent par son nom, si bien que souvent ils l'égarent de telle manière qu'il ne peut plus trouver ses compagnons. Et de cette façon, beaucoup sont déjà morts ou se sont perdus. Et je vous dis que, même de jour, on entend parler ces esprits. Et vous entendez parfois sonner maints instruments, et proprement tambours plus que d'autres. Et ainsi on passe ce désert, comme vous l'avez ouï.

[...]

Camul est une province qui jadis fut royaume. Elle a beaucoup de villes et de bourgs, mais la maîtresse cité est Camul. Cette province est entre deux déserts, car, d'une part, est le grand désert de Lop, et, d'autre part, est un petit désert de trois journées. Les gens sont tous idolâtres et ont langage à eux. Ils vivent du fruit de la terre, car ils en ont beaucoup. Ils sont hommes de grand soulâs car ils ne s'entendent à autre chose qu'à jouer des instruments, chanter, danser et donner grand délice à leur corps. Et je vous dis que si un étranger vient dans une maison pour y loger, l'hôte en est tout joyeux et commande à sa femme qu'elle fasse tout le plaisir de l'étranger. Puis il part et s'en va; et ne revient jusques à tant que l'étranger soit parti. Si bien que l'on peut prendrc son plaisir avec sa femme tant que l'on veut; car elles sont très belles femmes. Et ils le tiennent à grand honneur et n'en ont nulle honte, car tous ceux de cette province sont encornés par leurs femmes, comme vous avez ouï.

Le livre de Marco Polo
ou Le Devisement du monde
texte intégral mis en français moderne
et commenté par A.t'Serstsevens

Messer Marco Polo, plénipotentiaire du Grand Khan auprès de Sa Sainteté le pape, des rois de France, d'Angleterre, d'Espagne... bref, auprès de toutes leurs majestés chrétiennes, avait rassemblé une si grande fortune qu'il avait fait armer la galère qui lui vola sa liberté. La fortune, bonne fille lui laissait sa mémoire, les souvenirs de ses rencontres avec des peuples aussi amènes que ceux de Camul, son imagination et... le sens des affaires. Il choisit un *nègre* talentueux : le Pisan Rusta. Auteur d'une compilation du cycle de La Table Ronde, il jouissait déjà d'une certaine notoriété. A-t-il trouvé le titre *Le Livre des Merveilles*? Du moins il l'a écrit noir sur blanc, et en français, sur plusieurs de ses manuscrits. En effet, l'improvisation orale du Vénitien est reprise par le Pisan en français, car, « la langue française courait parmi le monde et était plus délectable à lire et à ouïr que nulle autre » *(Brunetto Latini et Martino da Canale)*. Ce salmigondis italo-français des plus piquants donne du fil à retordre au passeur en français moderne. Pas de quoi se moucher du coude, A.t'Serstsevens précise avec élégance que : « Tallemant, au XVIIe siècle, écrit Bouquinquant pour Buckingham, on peut bien pardonner à un écrivain du

XIIIe siècle d'écrire Cambaluc pour Khân-Baligh, c'est-à-dire Pékin. » C'est-à-dire aussi Beijing... Et le titre, au gré de la fantaisie des copistes, évolua vers *Le Devisement du monde.*

SYLVAIN TESSON

Tutti des sables

Marco Polo traverse le désert de Gobi d'Ouest en Est. Les routes caravanières se déroulent naturellement entre ces deux points cardinaux. Qui sont-ils ces êtres qui finissent par n'avoir plus rien d'humain tout au long de leur cavale transversale Nord-Sud ? Des taïgas de Sibérie, Baïkalie, Bouriatie jusqu'à l'Himalaya et au Sikkim, s'ils réchappent bien sûr aux steppes mongoles et aux déserts de Gobi et du Tsaidam... ce sont quelques évadés du Goulag qui fuient leur mort.

Voilà l'épine : le Polonais écrit dans *À marche forcée* avoir tenu dans le Gobi plus de dix jours sans boire (fadaise), mais – et c'est le plus grave – il décrit le désert mongol comme un océan de dunes. Une vaste étendue de sable. Une réplique asiatique du Grand Erg saharien. Or, une telle évocation fait bondir les géographes qui savent que le Gobi est un glacis semi-aride offrant aux ardeurs du ciel la couverture d'une steppe rachitique ou d'un cailloutis stérile et noirâtre. Pour parfaire la description géomorphologique, il faudrait signaler aussi des massifs rocheux, sortes de citadelles de pierre au pied desquelles reposent les points d'eau. Mais de dunes, point. Ou du moins très rarement. Et, s'il y en a, elles sont à ranger au rayon des curiosités de la géologie. Je sais qu'au sud du pays s'élève une de ces anomalies : un bourrelet de sable posé sur le substrat. Il ne mesure qu'une dizaine de kilomètres dans sa largeur nord-sud et s'étire sur plus de cent kilomètres de long. C'est donc un cordon dunaire qui coupe la route de quiconque se dirige vers le sud. Or, quand bien même Rawicz aurait traversé ce court obstacle, il n'est pas justifiable que dans sa description il ait réduit le visage du Gobi à une mer de sable. C'est cette traînée de poudre oubliée par les âges sur un socle stérile que nous voulons observer [...].

Nous errons sous un ciel aussi uniforme que la prairie dont il est le miroir. Puis finalement nous trouvons la bonne vallée et naviguons vers le sud jusqu'au soir. La steppe se racornit, s'efface progressivement, devient Gobi.

[...]

Nous passons deux journées à explorer la dune. Au pied : une source d'eau autour de laquelle prospèrent des chameaux de Bactriane et des campements nomades. Deux cents mètres péniblement arrachés à un versant de sable fin nous conduisent au sommet. À chaque pas s'effondrent des langues fluides qui dégringolent en petites avalanches. En glissant, les nappes de sable crissent à la surface du sable resté stable, provoquant un chuintement qui, lentement, se transforme en vibration puis emplit crescendo l'atmosphère d'un grondement sourd comme si le vent bourdonnait dans la harpe celtique abandonnée par un barde sur une falaise des Highlands. Les géomorphologues appellent « solifluxion » ce phénomène de glissement. La musique du sable, elle, ne porte pas de nom mais nous reconnaissons bien là le « chant des dunes », pareil au cri des baleines et qui a persuadé tant de voyageurs errants sur les routes de la soie que rôdaient derrière leur dos chimères et dragons. L'affabulation n'est jamais loin de la solifluxion.

L'arête terminale de la dune est effilée comme une lame. Vers l'ouest disparaît dans le lointain le fil de la vague de sable. Vers le sud moutonne une bande d'une dizaine de kilomètres de petites dunes puis, plus loin, le désert noirâtre reprend ses droits et déroule son tapis jusqu'en Chine. Nous bivouaquons sur un replat de sable, nichés dans les pentes sud, juste sous l'arête. À minuit la tempête se lève. Des plaques de sable décrochées de la crête nous ensevelissent progressivement. Nous devons nous extraire tous les quarts d'heure du sable qui monte comme une marée mauvaise. Au matin, le vent tombe. Nous dégageons nos affaires enfouies sous un mètre de sable. L'aube confirme ce que nous avions entrevu la veille. La dune n'est qu'un mince cordon. Un accident sableux dressé sur un cailloutis pelé.

L'Axe du loup
De la Sibérie à l'Inde sur les pas des évadés du Goulag
© Éditions Robert Laffont, 2004

> Seules les hordes de nomades qui descendaient du Nord pour razzier les riches oasis du Sud, et les loups affamés, coupent à travers les itinéraires civilisés. Ils n'ont que faire du rythme Levant-Couchant ! Les évadés des bagnes de Sibérie n'avaient pas le choix, leur liberté suivait « l'axe du loup »... À pied, à cheval et à vélo, Sylvain Tesson s'est lancé sur les traces évanouies d'un de ces loups issus du Goulag, Slavomir Rawicz. Tout au

long de six mille kilomètres, l'adulte qu'il est devenu a pris le relais de cet ado de quinze ans qui a dévoré en une nuit *À marche forcée*. Point de départ : 300 kilomètres au-dessous du cercle polaire. Ils étaient sept à tenter l'aventure de la dernière chance en 1941 : trois Polonais, un Letton, un Lituanien, un Yougoslave et un Américain. Sans vivres, sans cartes, sans rien, ils vont marcher une année entière. Point de mire : la direction cardinale australe indiquée par le soleil. Quatre mourront en cours de route. Les trois survivants tomberont dans les bras des soldats de l'armée britannique des Indes. Quand il publie son livre, en 1956, on conteste l'authenticité du récit de Rawicz. Sa vérité est toute simple : « … nous étions des fugitifs affamés… Je ne me souviens pas quelles routes ou quelles montagnes nous avons traversées ; nous n'avons jamais su le nom de la plupart d'entre elles et nous n'avions ni cartes, ni connaissance préalable de la question. »

IBN BATTÛTA

Du goût des melons...

Ibn Battûta, berbère né à Tanger le 24 février 1304 – c'est lui-même qui le précise dans ses Mémoires – va visiter le monde à travers Maghreb, Égypte, Palestine, Syrie, Arabie, Yémen, Russie, Inde, Chine... Ici, en partance pour le Khuwârizm, il voyage dans l'Ouzbékistan actuel et le « grand fleuve tumultueux » qu'il évoque n'est autre que l'Oural.

Je partis pour Khuwârizm qui est séparé d'as-Sarâ par un désert de quarante jours de marche que ne peuvent traverser les chevaux à cause de la rareté du fourrage. Ce sont des chameaux qui tirent les chariots.

À partir d'as-Sarâ, nous marchâmes pendant dix jours et nous arrivâmes à la ville de Sarâjûq (*jûq* signifie petit, c'est donc comme si on disait Sarâ la Petite) qui se trouve sur la rive d'un grand fleuve tumultueux, dit Ulû-Sû, qui signifie la Grande Eau. On le traverse à l'aide d'un pont de bateaux qui ressemble à celui de Bagdad. À partir de cette ville, nous n'utilisâmes plus de chevaux pour tirer les chariots. Nous les vendîmes donc, à raison de quatre dinars-argent, la tête, ou moins encore, à cause de leur état de faiblesse et leur prix modique dans cette ville. Et nous louâmes des chameaux pour tirer les chariots. Dans cette ville, nous trouvâmes une *zâwiya* qui appartenait à un Turc âgé et pieux appelé Atâ, c'est-à-dire Père. Il nous offrit l'hospitalité et forma des vœux pour nous. Nous fûmes aussi invités par le cadi de la ville dont j'ignore le nom.

Puis, nous voyageâmes à allure forcée pendant trente jours, ne nous arrêtant que deux heures, une au milieu de la matinée et l'autre au coucher du soleil. On stationnait le temps de cuisiner du *dûqî*, cuit après le premier bouillon, et de l'avaler. On ajoutait dans ce plat liquide de la viande salée et séchée au soleil et on versait du lait par-dessus. Chacun dormait et mangeait dans son chariot en marche. J'avais, dans le mien, trois jeunes esclaves femmes. Il est d'usage de forcer le train dans ce désert parce que l'herbe y est rare. Les chameaux qui le traversent, pour la plupart, périssent ; ceux qui subsistent ne peuvent être utilisés que l'année suivante après avoir été engraissés. On trouve de l'eau dans ce désert à des points connus, à deux à trois jours de marche les uns des autres, c'est de l'eau de pluie ou de puits creusés dans le sable.

Après avoir franchi le désert comme nous l'avons dit, nous arrivâmes à Khuwârizm, la plus grande ville turque, la plus importante, la plus belle et la plus imposante.

[...]

Le melon de Khuwârizm n'a pas d'égal dans tout l'univers, tant en Orient qu'en Occident, sauf peut-être le melon de Bukhârâ supérieur toutefois à celui d'Ispahan. Sa peau est verte, l'intérieur rouge, il est très sucré et sa chair est ferme. Ce qui est curieux c'est qu'on le coupe en tranches qu'on fait sécher au soleil et qu'on met dans des paniers comme on le fait chez nous avec les figues sèches et les figues de Malaga. On exporte ces tranches de melon jusqu'aux confins de l'Inde et de la Chine. Parmi tous les fruits secs, c'est le meilleur. Quand je séjournais à Dihlî en Inde, chaque jour qu'arrivaient des voyageurs de Khuwârizm j'envoyai quelqu'un leur acheter des tranches de melon pour moi. Le roi de l'Inde, lorsqu'il en recevait, m'en envoyait car il savait que je les aimais, il avait en effet l'habitude d'offrir aux étrangers les fruits de leur pays et de les gâter de la sorte.

Voyages et périples choisis,
traduit de l'arabe, présenté
et annoté par Paule Charles-Dominique
Coll. « Connaissance de l'Orient »

Ce connaisseur raffiné en melons atteignait seulement vingt-deux ans quand il a quitté Tanger pour accomplir son pèlerinage à La Mecque et à Médine. L'itinéraire habituel des Maghrébins passe par Tlemcen, Tunis et Le Caire où on s'embarque en mer Rouge pour Djeddah. Une guerre locale lui interdit le passage vers les Lieux saints : qu'à cela ne tienne, il s'y rendra par la Palestine et la Syrie. Le pèlerin commence ainsi à réaliser sa grande ambition : « Devenir le plus grand voyageur de l'Islam ». Parti le 14 juin 1325, il sera de retour à Fès où il posera ses bagages en décembre 1353. Vingt-huit années d'itinérance ponctuées de quatre pèlerinages à La Mecque où il habitera quelques années. De retour définitif dans son Maroc natal, son souverain lui intime l'ordre de relater ses voyages par écrit. Comme ce prince doute du talent de son calame, il lui impose son secrétaire, Ibn Juzayy. Plus confortablement installé que Marco Polo dans sa geôle, Battûta dicte à la première personne ses aventures pour en faire un « Présent à ceux qui aiment à réfléchir sur les curiosités des villes et les merveilles des voyages », c'est la version épique du simple titre *Rihla* (Relation de voyage). On dut patienter plusieurs siècles pour que la première traduction intégrale de cette œuvre atteigne les rivages européens vers le milieu du XIXe siècle.

VICTOR ADOLPHE MALTE-BRUN

Ivresse du désert

James Richardson, Heinrich Barth et Adolphe Overweg se lancent ensemble dans la mission exploratrice de l'Afrique centrale. Richardson est anglais et plutôt homme d'affaires. Les deux autres, allemands et docteurs. Barth connaît déjà l'Afrique, car il y a effectué un voyage d'études historiques et géographiques sur le littoral méditerranéen. Le rôle du naturaliste est dévolu à Overweg.

Au-delà d'El-Shiaty recommençait le désert avec ses collines de sables mouvants ; le guide de la caravane eut une peine infinie à reconnaître et à suivre sa route, réduit qu'il était à se diriger seulement sur la fiente des chameaux que les vents éparpillent sur la surface des sables. Çà et là on rencontrait de grosses touffes d'herbes, jetées comme des taches noires sur cette surface blanche et brillante ; les objets étaient grossis même à une faible distance ; les seuls êtres animés que l'on rencontrait dans la journée étaient des lézards, des scarabées, et le soir des grillons qui chantaient à demi enfouis dans un sable brûlant dont la température accusait 51°23 centigrades.

« La journée du 1er mai, dit J. Richardson, fut peut-être la plus pénible de notre voyage. Le kafilah (cortège) marcha pendant 14 heures entières sur un sable mou, avec un vent brûlant qui soufflait d'une violence extrême. La scène qu'offrait la caravane était des plus singulières qui se puissent imaginer ; les chameaux et les hommes étaient dispersés çà et là sur la route, et se traînaient lentement sans paraître avancer ; aucun bruit ne se faisait entendre ; personne n'avait la force de parler, encore moins de chanter, et les pas de tant d'hommes n'éveillaient aucun écho dans cet immense désert de sables. Des flots d'une poussière rouge jaune, éblouissante, s'élevaient autour de nous en tourbillons qui se renouvelaient à chaque pas ; çà et là s'étendaient les grandes taches noires d'une végétation étouffée en naissant. Chaque objet, grossi par les vapeurs qui l'entourent, varie et change à nos yeux ; la chaleur et le balancement du chameau nous donne un léger vertige, et les objets qui nous environnent semblent flotter dans une brume épaisse, comme ces paysages que nous retrace un rêve. C'est l'ivresse du désert qu'il faut avoir éprouvée pour pouvoir s'en faire une idée. »

« Ce serait pourtant être injuste que de laisser croire que le désert de sables est toujours aride et n'offre aucune compensation ; quoique bien plus difficile à traverser que l'Hamada, il possède l'inestimable avantage de fournir chaque jour, au moins une fois, l'eau si nécessaire au voyageur. »

Enfin, après plusieurs journées de marche, on atteignit dans les premiers jours de mai le Wady-Gharby, appelé le Wady par excellence, c'est une vallée profonde qui s'étend comme un vaste fossé entre les sablonneuses élévations du désert et le plateau sur lequel Mourzouk est situé.

Au lac Tchad entre 1851 et 1856

Seul Heinrich Barth reverra le continent européen après avoir voyagé d'est en ouest de l'Afrique. Partie de Tripoli, l'expédition arrive trente-neuf jours plus tard à Mourzouk, capitale du Fezzan. Puis c'est l'oasis de Ghat. Barth, en solitaire, fait un crochet par Agadès. Peu de temps après, les trois hommes se séparent. Richardson va mourir d'épuisement deux mois plus tard. Overweg, qui retrouve Barth à plusieurs reprises pour quelques expéditions à deux, fait remonter une barque expédiée d'Europe et transportée à dos de dromadaires. Il explore le lac Tchad et sera le premier à y avoir navigué. Victime de fièvre pendant la saison des pluies, Overweg s'éteint en septembre 1852 dans les bras de Barth venu le rejoindre. Il a tout juste trente ans. On l'enterre au bord du lac. Barth continue. Il pénètre dans Tombouctou et y demeure six mois. Il est le premier transsaharien de l'histoire.

JULES VERNE

On s'y croirait...

Cinq semaines en ballon *paraît en 1863 précédant de peu la traduction française du voyage de Heinrich Barth. C'est le premier ouvrage de Jules Verne. Il remporte un immense succès. Hetzel, l'éditeur, propose alors un contrat pour vingt autres ouvrages. Affaire conclue. Fort de cette première expérience, l'auteur prolixe va appliquer sa remarquable recette : lecture de récits de voyage, connaissance scientifique, sens inné de l'aventure et imagination en alerte...*

Les souffrances de la soif commencèrent à se faire sentir cruellement; l'eau-de-vie, loin d'apaiser ce besoin impérieux, l'accroissait au contraire, et méritait bien ce nom de « lait de tigres » que lui donnent les naturels de l'Afrique. Il restait à peine deux pintes d'un liquide échauffé. Chacun couvait du regard ces quelques gouttes si précieuses, et personne n'osait y tremper ses lèvres. Deux pintes d'eau, au milieu d'un désert!

Alors le docteur Fergusson, plongé dans ses réflexions, se demanda s'il avait prudemment agi. N'aurait-il pas mieux valu conserver cette eau qu'il avait décomposée en pure perte pour se maintenir dans l'atmosphère? Il avait fait un peu de chemin sans doute, mais en était-il plus avancé? Quand il se trouverait de soixante milles en arrière sous cette latitude, qu'importait, puisque l'eau lui manquait en ce lieu? Le vent, s'il se levait enfin, soufflerait-il là-bas comme ici, moins vite ici même, s'il venait de l'est ! Mais l'espoir poussait Samuel en avant ! Et cependant, ces deux gallons d'eau dépensés en vain, c'était de quoi suffire à neuf jours de halte dans ce désert ! Et quels changements pouvaient se produire en neuf jours ! Peut-être aussi, tout en conservant cette eau, eût-il dû s'élever en jetant du lest, quitte à perdre du gaz pour redescendre après ! Mais le gaz de son ballon, c'était son sang, c'était sa vie !

Ces mille réflexions se heurtaient dans sa tête qu'il prenait dans ses mains, et pendant des heures entières il ne la relevait pas.

[...]

Il était midi ; le relèvement donna 19°35' de longitude et 6°51' de latitude, à près de cinq cents milles du lac Tchad, à plus de quatre cents milles des côtes occidentales de l'Afrique.

En prenant terre, Dick et Joe sortirent de leur pesante torpeur.

– Nous nous arrêtons, dit l'Écossais.

– Il le faut, répondit Samuel d'un ton grave.

Ses compagnons le comprirent. Le niveau du sol se trouvait alors au niveau de la mer, par suite de sa constante dépression ; aussi le ballon se maintint-il dans un équilibre parfait et une immobilité absolue.

Le poids des voyageurs fut remplacé par une charge équivalente de sable, et ils mirent pied à terre ; chacun s'absorba dans ses pensées, et, pendant plusieurs heures, ils ne parlèrent pas. [...]

Pendant la nuit, personne ne veilla, mais personne ne dormit. La chaleur fut étouffante. Le lendemain, il ne restait plus qu'une demi-pinte d'eau ; le docteur la mit en réserve, et on résolut de n'y toucher qu'à la dernière extrémité.

[...]

La soif, mais aussi la contemplation incessante du désert fatiguait l'esprit; il n'y avait pas un accident de terrain, pas un monticule de sable, pas un caillou pour arrêter le regard. Cette planité écœurait et donnait ce malaise qu'on appelle le mal du désert. L'impassibilité de ce bleu aride du ciel et de ce jaune immense du sable finissait par effrayer. Dans cette atmosphère incendiée, la chaleur paraissait vibrante, comme au-dessus d'un foyer incandescent; l'esprit se désespérait à voir ce calme immense, et n'entrevoyait aucune raison pour qu'un tel état de choses vînt à cesser, car l'immensité est une sorte d'éternité.

Cinq semaines en ballon

Avec *Cinq semaines en ballon* la « méthode » Verne est lancée. Scrupuleux dans sa documentation, curieux à l'infini, ses *Voyages Extraordinaires* composent une belle vitrine des connaissances de son temps. Quand l'expérimentation ou la recherche sont hors-jeu, l'imagination nourrie de cette sédimentation extrapole, le plus souvent avec bonheur... Ne prétend-on pas que le premier homme sur la lune a débarqué non loin de l'impact rêvé par Jules Verne dans son cabinet... Intuition, dis-moi, peux-tu être une démarche scientifique? Après tout, à ce qu'on dit, Einstein a d'abord imaginé $E = MC^2$ puis s'est attelé à le démontrer. Sur les traces de Heinrich Barth, d'Est en Ouest de l'Afrique, le docteur Fergusson part à la recherche des sources du Nil et sera persuadé de les avoir trouvées. *Errare humanum est...* Son compagnon de voyage, Joe, plongera dans les eaux du lac Tchad… Ce même lac qui venait tout juste de supporter sa première barque, estampillée Overweg, nom du malheureux compagnon de Barth.

WILFRED THESIGER

Immigré « *so british* »

Wilfred Thesiger est né en 1910 à Addis-Abeba dans une hutte de terre qui n'est ni plus ni moins que l'ambassade britannique. Il vécut en Éthiopie jusqu'à l'âge de dix ans, où il croisa un très jeune enfant – le futur Empereur Hailé Sélassié – réfugié, pour cause de rébellion, sous le pavillon de sa Gracieuse Majesté. À vingt ans, il revint en invité à son couronnement pour passer « le mois décisif de (sa) vie ».

En 1938, je consacrai ma permission à la découverte des monts Tibesti, au Sahara. Les officiers français qui devaient y faire leur service étaient encore les seuls à les connaître. Je partis de Kutum au début du mois d'août, après avoir loué des chameaux pour aller jusqu'à Faya ; au-delà, il nous faudrait des chameaux habitués à la montagne. J'emmenai avec moi le jeune Zaghawa, mon serviteur depuis mon arrivée au Soudan, ainsi qu'un Badayat assez âgé qui avait vécu au Tibesti et parlait la langue des Toubou. Nous avions une longue route à parcourir en peu de temps, aussi notre équipement était-il réduit.

Parmi les Nouer, je m'étais comporté en Anglais visitant l'Afrique : je disposais d'une tente séparée de celle de mes hommes et j'étais servi par des domestiques. Désormais, pour ma plus grande joie, je pouvais en revenir aux usages du désert, que j'avais appris à

Kutum. Or, nous étions dans le vrai désert, là où les différences de race et de couleur, de richesse et de prestige social, sont dénuées de toute signification – ou presque; là où les masques de l'affectation tombent, et où seules apparaissent les vertus fondamentales. Là où les hommes se rapprochent les uns des autres. Y vivre seul, c'était éprouver aussitôt tout le poids de la peur, car la nudité de la terre est en ce lieu plus effrayante encore que la plus ténébreuse des forêts au cœur de la nuit. Dans l'éclat impitoyable du jour, nous étions aussi dérisoires que les coléoptères que je voyais évoluer péniblement dans le sable. Seule, l'obscurité bienfaisante nous permettait d'emprunter un ou deux mètres carrés au désert pour y goûter un confort simple dans le cercle de lumière projetée par le feu, tandis qu'au-dessus de nos têtes, le dessin familier tracé par les étoiles nous masquait le terrible mystère de l'espace.

[...]

Dans le désert, j'avais fait l'expérience d'une liberté impossible dans le monde civilisé, d'une vie allégée de tout bien personnel et appris qu'en fait ce qui n'est pas de première nécessité encombre. J'avais également fait l'expérience d'une fraternité inhérente aux conditions mêmes de cette vie et acquis la conviction que c'était là, et là seulement, que l'on pouvait trouver la sérénité. J'avais ressenti et apprécié la satisfaction qu'on retire des épreuves endurées, le plaisir qui naît de l'abstinence; le contentement de la faim apaisée; la saveur de la viande; le goût d'une eau pure; l'extase de l'abandon au sommeil quand le besoin en est devenu torture; la chaleur d'un feu dans le froid piquant de l'aube.

[...] Mon récent périple au Tibesti m'avait appris à

exiger davantage, à exiger ce que je ne devais trouver que plus tard dans les déserts de l'Arabie.

Le désert des déserts,
traduction de Michèle Bouchet-Fornez,
collection « Terre Humaine »

La vie de Wilfred Thesiger peut se mesurer à l'aune de la légende de T.E. Lawrence. Sillonner le désert des déserts, appelé par les Arabes Rub al Khâli, ce qui se traduit par « zone vide », représentait pour lui une aventure à sa taille : « (Il) commença à devenir pour moi une sorte de terre promise. » Thesiger se lie d'amitié avec les Bédouins de la tribu des Rashid avant de s'aventurer dans ces parages où seuls deux explorateurs, Bertram Thomas et St-John-Philby, anglais comme lui, ont réussi la traversée, le premier du sud au nord, l'autre en sens inverse. Entre le Yémen et Oman, d'immenses territoires demeuraient encore inexplorés. Amitié avec les Bédouins n'est pas un vain mot. Un Rashid lui demande un jour : « Pourquoi n'embrasses-tu pas la religion musulmane ? Tu deviendrais alors vraiment l'un des nôtres. » Il répond : « Que Dieu me protège contre le diable ! ». Tout le monde se met à rire. Thesiger ajoute que si un Arabe lui avait posé la question, il aurait répondu différemment. Mais là, il venait juste de rétorquer ce que n'aurait pas manqué de dire le Rashid s'il lui avait proposé de se faire chrétien. Wilfred Thesiger revint une dernière fois en 1949 dans la péninsule arabique. L'espace qu'il avait parcouru à bride abattue avec ses amis Rashid se couturait alors de frontières sourcilleuses de visas... Il reprit le chemin de l'Angleterre et, en avion, au-dessus de la mer, il ressentit « ... ce que tout homme éprouve quand il prend le chemin de l'exil ».

VICOMTE CHARLES DE FOUCAULD

Un rôle de composition

Le 20 juin 1883 débarquent à Tanger deux personnages dignes d'un roman d'aventures : le rabbin Mardochée Abbi Serour, vétéran d'un premier voyage au Soudan, et le futur Père de Foucauld travesti en Israélite. Charles arbore le bonnet noir distinctif des Juifs, ses « cousins », comme ils s'appellent entre eux au Maroc. Ce rôle de composition lui permet d'utiliser « à couvert » ses instruments d'explorateur – boussole, montre et baromètre – pour dresser une cartographie de la terra incognita marocaine.

Si, dans les qçars et dans les tribus errantes, des coutumes protègent plus ou moins chaque individu contre ses concitoyens, rien nulle part ne sauvegarde l'étranger ; tout est permis contre lui. On peut le voler, le piller, le tuer : nul ne prendra sa défense ; s'il résiste, chacun lui tombera sus. Tout commerce, toutes relations, seraient impossibles si un usage spécial ne remédiait à cet état. Cet usage, de la plus haute antiquité, qui existe presque partout au Maroc, est ce que les anciens Arabes appelaient *djira* et ce qu'on nomme ici *debiha*. La debiha est l'acte par lequel on se place sous la protection perpétuelle d'un homme ou d'une tribu. C'est une anaïa prolongée. Prenons un exemple : un étranger entre dans un qçar ou dans un campement de nomades : il y est arrivé avec un individu de la localité ou de la tribu, qui l'a accompagné comme zetat, après lui avoir accordé son anaïa, aussi appelée *mezrag*[1]. Si l'étranger ne fait que passer, cette protection suffit pour sa sûreté ; s'il veut séjourner, elle cesse d'être valable : l'anaïa ou mezrag est une garantie temporaire, créée spécialement pour les voyageurs ; celui qui veut résider quelque temps, ne fût-ce qu'un mois, doit s'en assurer une autre. Il demande, à titre perpétuel, la protection d'un personnage de la tribu : cela s'appelle « sacrifier sur lui », *debeh alih*. Cette expression a pour origine l'ancien usage, qui n'est suivi aujourd'hui qu'en circonstances graves, d'immoler un mouton sur le seuil de l'homme à qui l'on demande son patronage. Si, comme il arrive d'habitude, la personne à qui on s'adresse l'accorde, on fait venir un marabout, et il écrit, séance tenante, un acte certifiant que le nommé un tel a sacrifié sur tel individu de telle tribu et qu'il est actuellement sous sa protection. Voici les termes dans lesquels se rédigent ces pièces. Je prends pour exemple une de mes debihas sur les Ida ou Blal. « Par la volonté de Dieu, le rabbin Iosef el Djezîri sacrifie sur Haïmed ben Haïoun el Harzallaoui, afin que celui-ci le protège contre ses frères les Mekrez ; ayant reçu du Juif le prix de la debiha, il devient responsable envers lui de tous les dommages qui lui seraient faits par les Mekrez ; il les prend à sa charge et lui restituera ce qu'on lui enlèverait. De son côté, le

1. *Mezrag* signifie « lance ». Dans les tribus unies et compactes, celui qui a donné son anaïa n'accompagne pas lui-même ; il fait conduire par un enfant, ou se contente de remettre au protégé un objet connu comme sien, dont la présence prouve qu'on est sous sa sauvegarde. Autrefois on donnait sa lance à celui à qui on accordait son anaïa. Les deux mots sont ainsi devenus synonymes.

Juif s'engage à payer à Haïmed ben Haïoun dix coudées de cotonnade chaque année. Ces conditions ont été acceptées par les deux parties. Écrit en leur présence, le 26 moharrem 1301. Le serviteur du Dieu très haut, Hamed ben Mohammed El Haddad el Amrani. » Cette protection se paie d'ordinaire, on le voit, d'une légère redevance annuelle; seuls quelques grands seigneurs se font un point d'honneur de ne rien demander.

Reconnaissance au Maroc (1883/1884)

La personnalité du marabout blanc, futur saint en instance de canonisation, a occulté l'image du fringant vicomte savant, explorateur et ouvreur de piste pour de possibles conquêtes moins pacifiques. En une année d'errance, sur un précieux « cahier de 5 centimètres carrés », à l'aide d'un « crayon long de 2 centimètres », il rapporte des « renseignements très nombreux et très précis qui renouvellent littéralement la connaissance géographique et politique presque tout entière du Maroc », c'est ainsi que le complimente Henri Duveyrier en lui remettant la médaille d'or de la Société de Géographie de Paris. Sa description des mœurs et coutumes des différentes tribus rencontrées est une contribution remarquable telle que la salue Moktar Belarebi alors qu'il préparait une traduction en arabe du livre du vicomte : « ... L'une des pages les plus concises et les plus riches de l'histoire du Maroc moderne. » Au cours de ce voyage, se renforcent sa fascination pour la foi des musulmans et son désir d'aller au devant d'une vie érémitique. À Tamanrasset, le savant se lancera dans la rédaction d'un dictionnaire tamacheq (langue des Touarègues)/ français, et d'une grammaire de cette langue. À la fin de l'avant-propos de *La Reconnaissance au Maroc*, il tire une conclusion qui résonne

> étrangement après sa mort tragique : « ... un Européen voyageant dans leur pays ne peut être qu'un émissaire envoyé pour le reconnaître ; il vient étudier le terrain en vue d'une invasion ; c'est un espion. On le tue comme tel, non comme infidèle... On craint le conquérant bien plus qu'on ne hait le chrétien. »

MICHEL VIEUCHANGE

Trois heures pour l'éternité

Atteindre coûte que coûte Smara, ville mirage interdite aux infidèles, parcourir trois heures durant le lieu évacué par ses derniers nomades, en attente d'autres caravanes, surgies des sables. Photographier une ville fantôme où nul être vivant ne foule les ruelles des Kasbas. Sur les clichés de Michel Vieuchange, Smara vue de loin ressemble à un tableau noir et blanc à la Nicolas de Staël. « La ville s'offre à moi sous son aspect le plus impressionnant : face au désert que je foule, déserte elle-même... »

J'ai vu tes deux kasbas et ta mosquée en ruines. Je t'ai vue tout entière posée sur ton socle, face au désert, déserte, dans le silence, sous l'ardent soleil. J'ai vu tes palmiers à présent à demi desséchés.

Tu es bien l'œuvre d'un homme, de Ma el Aïnin au sommet de sa puissance...

Comme s'il eût voulu étonner les nomades comme par une chose miraculeuse, il t'établit sur un piédestal face au couchant, comptant sur cela pour leur donner une idée de sa grandeur : lui seul dans des pierres, fort entre les murs de solide appareil de ses kasbas, ses sujets tout autour sous la toile des guitounes.

Il donna une mosquée à ces hommes qui errant dans le Sahara n'avaient jusqu'à ce jour prié que dans le vent du matin et du soir, se prosternant au hasard de leur route, sur le roc ou le sable.

Et ces hommes n'ayant jamais vu de ville durent voir s'élever avec ébahissement ces murs, ces kasbas, ces coupoles.

[...]

C'est là qu'aboutissent aujourd'hui leurs caravanes d'esclaves et d'armes. C'est là qu'ils trafiquent et étalent leurs marchandises. J'ai retrouvé des douilles, des morceaux de vêtements. C'est là que le soir, dans tes ruines ils allument leurs feux et font leurs festins, cuisant les morceaux de viande de chameau et de chèvre, dont je vois partout, semant le sol, les ossements, les cornes, les sabots.

Peu leur importe tes édifices sans doute, ta mosquée. Tes palmiers même, ils les détruisent. Plus une datte. Encore verts, le premier arrivé arrache les régimes et ne laisse rien derrière lui. Tu leur sers simplement parce que derrière tes murailles croulantes on est à l'abri pour tuer l'assaillant parce que par ton site choisi... on voit loin dans le désert celui qui s'approche.

Mais pour les soirs où les feux éclairent tes murailles, pour les jours où les chameaux, les bagages, les hommes s'installent sur ton sol, combien où tu demeures déserte – ville du désert – combien où tes murailles n'ont que le soleil !

Trois heures seulement j'ai erré dans tes ruines – chassé aussitôt loin de toi. Et ces trois heures, je ne pus te contempler ni errer au hasard, ni m'asseoir un instant, te parcourant à pas pressés – comme un anatomiste – comptant les travées de ta mosquée, les distances, relevant la position de tes édifices, et leur orientation.

En t'apercevant, et en passant devant le front que tu offres au soleil couchant, levant vers toi les yeux sans m'arrêter – mes yeux sur ta grande porte qui regarde le désert, et le dominant sur son socle, comme une vision qui attire vers elle, et en même temps derrière laquelle on sait la puissance;... et aussi en pénétrant sous le morceau de plafond en délabrement de ta mosquée, autrefois sainte et pour les prosternations, que je foulais à présent en homme qui simplement veut voir, je sentis une brusque chaleur dans ma poitrine, un mouvement de mon cœur.

[...]

Je voulais aussi faire autre chose que ce travail d'inventaire : appuyer longtemps mes yeux sur cet horizon, sur ces maisons, ces kasbas; laisser couler en moi ce ruissellement dont je sens seulement les premières gouttes inégales comme des notes un peu fausses – mais indiquant ce travail intérieur. Des expressions me viennent, des mots que je voudrais écrire. De plus, le corps essoufflé par cette course dans les pierres avec mes pieds malades.

Chez les dissidents du sud marocain
Smara
Carnets de route de Michel Vieuchange

Qu'est-ce qui pousse un jeune homme de vingt-six ans à se déguiser en femme locale, à voyager à flanc de dromadaire replié dans un couffin, à enchaîner pendant deux longs mois 1 400 kilomètres de désert à pied ou suspendu comme un vulgaire ballot? Une première approche du désert au cours de son service militaire au

Maroc quelques années auparavant? Les journaux évoquent souvent à cette époque, le Rio de Oro pour conter les mésaventures des pilotes de l'Aéropostale. À trop regarder les blancs des cartes de ces parages avec son frère Jean, il met le doigt sur un point isolé au « confluent de nombreuses pistes que l'on dit être le repaire des Maures du Sahara atlantique, leur centre de brigandage et de fanatisme : Smara. » Le point bouge selon les cartes. Michel écrit avant le grand départ :

« Smara, ville de nos illusions...
Nous marchons vers toi comme des ravisseurs.
Nous marchons vers toi aussi comme des pénitents.
Et nous dirons à l'ami ou à celle qui nous interpelle sur le chemin :
Je ne vous connais pas...
... Nous marchons vers ce qui jusqu'au bord
remplira l'aube... »

Sur le chemin du retour, à quelques jours de marche de la zone française, Michel Vieuchange meurt de dysenterie à Agadir.

J.M. COETZEE

Gens de passage

Prix Nobel en 2003, J.M. Coetzee a connu l'Apartheid pendant ses études en Afrique du Sud et plus tard aux États-Unis. Comme Laurens van der Post, auteur du Monde perdu du Kalahari *et descendant d'Afrikaner, il se brûle à cette marque d'infamie que représente la barbarie banale et blanche face à un peuple dit de couleur. Au fait, qui sont, au désert, les vrais gens de passage ?*

« Ils veulent que les établissements coloniaux cessent de s'étendre sur leur terre. Ils veulent, en somme, qu'on leur rende leur terre. Ils veulent être libres de se déplacer de pâture en pâture avec leurs troupeaux, comme autrefois. » Il est encore temps de mettre un terme à cette harangue mais j'entends monter le ton de ma voix, et je m'abandonne à regret à la griserie de la colère. « Je ne dirai rien des raids récents entrepris contre eux, sans aucune justification, et suivis par des actes de cruauté gratuite, puisque la sécurité de l'Empire était en jeu, à ce qu'il paraît. Il faudra des années pour réparer les dégâts commis durant ces quelques jours. Passons là-dessus ; je préfère vous parler de ce que je trouve décourageant dans mes fonctions d'administrateur, même en temps de paix, même quand les relations frontalières sont bonnes. Vous savez qu'il y a une époque de l'année où les nomades viennent chez nous faire du commerce. Allez donc, pendant cette période, devant n'importe quel étal du marché, et voyez qui on trompe sur le poids, qui on lèse, qui on injurie, qui on humilie. [...] À nos yeux ce pays-ci est à nous, il fait partie de l'Empire – notre avant-poste, notre établissement, notre centre marchand. Mais ces gens, ces barbares ne le voient pas du tout sous ce jour. Il y a plus de cent ans que nous sommes ici ; nous avons gagné des terres sur le désert, bâti des ouvrages d'irrigation, cultivé les champs, construit des maisons solides, dressé une muraille autour de notre ville, mais, à leurs yeux, nous sommes toujours des hôtes de passage. Parmi eux vivent encore de vieilles gens qui se rappellent que leurs parents leur avaient décrit l'oasis telle qu'elle était autrefois : un lieu bien ombragé, au bord du lac, avec des pâturages abondants même en hiver. C'est ainsi qu'ils en parlent encore, c'est peut-être ainsi qu'ils la voient encore, comme si aucune pelletée de terre n'avait été retournée, aucune brique posée sur une autre brique. Ils sont persuadés qu'un de ces jours, nous empilerons nos biens dans nos chariots pour repartir à l'endroit d'où nous venons, que nos édifices serviront de demeures aux souris et aux lézards, et que leur bétail paîtra sur ces champs prospères que nous avons ensemencés. Vous souriez ? Vous dirai-je encore une chose ? Chaque année, l'eau du lac se sale un peu plus. L'explication est simple – mais peu importe. Les barbares le savent. En ce moment même, voilà ce qu'ils se disent : "Patience. Un de ces jours, le sel va commencer à flétrir leurs cultures. Ils n'auront plus de quoi se nourrir. Il faudra qu'ils partent." C'est cela qu'ils pensent. Qu'ils dureront plus longtemps que nous. »

Et après tout, est-ce que je crois vraiment ce que je viens de dire ? Est-ce que j'espère vraiment le triomphe des usages barbares : torpeur intellectuelle, crasse, résignation devant la maladie et la mort ? Si nous devions disparaître, les barbares passeraient-ils leurs après-midi à fouiller nos ruines ? Préserveraient-ils dans des vitrines nos listes de recensement et les grands livres de nos marchands de grain, se consacreraient-ils au déchiffrement de nos lettres d'amour ?

En attendant les barbares,
traduit de l'anglais par Sophie Mayoux

Coll. « Points », 2000

Un désert en bordure de l'Empire : une oasis avancée y fait figure de frontière amovible. Des nomades chasseurs vivent au désert et ont maille à partir avec cet Empire symbolisé par les militaires et singulièrement le colonel Joll et le Magistrat, seul homme juste de ladite oasis. À partir de ce dispositif aux accents de parabole, J.M. Coetzee pousse au plus loin la confrontation de deux mondes incompatibles depuis la nuit des temps : le sédentaire et l'homme du vent. Pouvoir et liberté s'affrontent dans des temps qui ne peuvent coïncider. L'Histoire peut faire sa fière et sa conquérante, elle ne peut finasser avec la Nature. « Pourquoi n'avons-nous pas pu vivre dans le temps comme des poissons dans l'eau ?... L'Empire a créé le temps de l'Histoire. L'Empire n'a pas situé son existence dans le temps uni, récurrent, tournant, du cycle des saisons, mais dans le temps déchiqueté de l'ascension et de la chute, du commencement et de la fin, de la catastrophe. » En hommage à la Nature, seul éternel recommencement, le Magistrat veut archiver l'histoire de son oasis et l'enfouir au pied des murailles censées la défendre contre le vent du désert et la voracité de son peuple d'errants. Message adressé aux générations futures ? Aux Barbares qui finiront par arriver ? À la seule dimension de l'imaginaire dévoreur de passé ? « Notre temps était celui des saisons, des moissons, des migrations des oiseaux aquatiques. Nous vivions sans que rien nous sépare des étoiles… C'était le paradis sur terre. »

BRUCE CHATWIN

La vie est un songe

Expert en peinture moderne chez Sotheby's, Bruce Chatwin avait un avenir tout tracé. Un événement considérable lui fit prendre la mesure de sa véritable destinée : subitement, il devint aveugle. La Faculté lui conseilla de changer d'air. Ce qu'il se mit en demeure de faire. Bagages bouclés et billet en poche, il recouvra la vue à l'aéroport... Le sort en était jeté. Il deviendrait écrivain-voyageur ou vice et versa.

Les Pintupi étaient la dernière tribu « sauvage » à avoir été contactée dans le Grand Désert occidental et introduite à la civilisation blanche. Jusqu'à la fin des années 1950, ils avaient continué à pratiquer la chasse et la cueillette, nus dans les dunes, comme ils l'avaient fait pendant au moins dix mille ans.

[...]

Mais le gouvernement décréta que les hommes de l'âge de pierre devaient être sauvés... pour le Christ, si besoin était. En outre, on avait besoin du Grand Désert occidental pour y mener à bien des opérations minières, éventuellement des essais nucléaires. Il fut donc ordonné d'embarquer les Pintupi dans des camions de l'armée et de les installer, dans des lotissements du gouvernement. [...]

Même en captivité, les mères pintupi, comme toutes les bonnes mères dans le monde, racontent à leurs enfants des histoires. [...] La mère aborigène trace des dessins dans le sable pour illustrer les vagabondages des héros du Temps du Rêve.

Elle raconte son récit dans un crépitement d'éclats de voix saccadés et, en même temps, marque sur le sol les « empreintes de pas » de l'ancêtre en faisant courir son index et son majeur, l'un après l'autre, en une double ligne pointillée. Elle efface chaque scène avec la paume de la main et termine en traçant un grand cercle traversé d'un trait – un peu comme un Q majuscule.

Ce point indique le lieu où l'ancêtre, épuisé par les travaux de la création, est « retourné à l'intérieur ».

Les dessins sur le sable faits pour les enfants ne sont que des esquisses ou des « versions autorisées » des véritables dessins représentant les vrais ancêtres, lesquels ne sont réalisés que lors des cérémonies secrètes et ne doivent être vus que des initiés. Néanmoins c'est grâce à ces esquisses que les jeunes apprennent à s'orienter sur leur terre, à en connaître la mythologie et les ressources.

Il y a quelques années, alors que la violence et l'ivrognerie menaçaient de devenir incontrôlables, un animateur blanc eut l'idée de fournir aux Pintupi du matériel de peinture artistique et de leur proposer de transposer leurs rêves sur la toile.

Il en naquit instantanément une école australienne d'art abstrait.

Le vieux Stan Tjakamarra peignait depuis huit ans. Chaque fois qu'il avait achevé un tableau, il le portait à la Librairie du Désert; Mrs. Lacey en déduisait le prix des matériaux et lui payait comptant une somme forfaitaire.

Le Chant des pistes, traduit de l'anglais
par Jacques Chabert

Apprendre le désert, c'est la survie des enfants de nomades. Comme chez les Touaregs, ce sont les femmes qui transmettent la culture sur « l'ardoise magique » du sable. Les itinéraires doivent être mémorisés en fonction des besoins à honorer. L'originalité des aborigènes d'Australie est d'avoir lié ces parcours à la trace du dessin et aux modulations de la voix. En effet, « les mythes aborigènes de la création parlent d'êtres totémiques légendaires qui avaient parcouru tout le continent au Temps du Rêve. Et c'est en chantant le nom de tout ce qu'ils avaient croisé en chemin – oiseaux, animaux, plantes, rochers, trous d'eau – qu'ils avaient fait venir le monde à l'existence ». Ces nomades naissent-ils artistes ? La possession du monde reviendrait-elle à qui sait enchanter la réalité des choses ? « Avant que les Blancs ne viennent… personne en Australie n'était sans terre, puisque chacun recevait en héritage un tronçon du chant de l'ancêtre et un tronçon du pays où passait ce chant. Les strophes que possédait un homme constituaient ses titres de propriété. Il pouvait les prêter à d'autres. Il pouvait en emprunter à d'autres en retour. Mais, par contre, il lui était impossible de les vendre ou de s'en débarrasser. » L'Australie primitive ou l'art parfait de la partition des terres…

CARAVANES DE LA SOIF

THORKILD HANSEN

Ersatz de « bain turc »

*Janvier 1761 : cinq hommes au service du souverain danois Frédéric V quittent le port de Copenhague. Un philologue, un physicien-botaniste, un mathématicien-astronome, un médecin-physicien, un peintre-graveur embarquent pour l'*Arabia Felix... *Un seul, le mathématicien allemand Niebuhr, d'origine paysanne, reverra la capitale du Danemark en 1767.*

Les meilleures cabines sont occupées par les Turcs fortunés qui se rendent à La Mecque avec tout leur harem. Leurs femmes sont logées juste au-dessous de la cabine des membres de l'expédition, à peu près comme jadis les esclaves à bord du vaisseau de Constantinople, et, comme nous le verrons plus tard, avec les mêmes conséquences pittoresques. Sur les ponts avant et arrière s'est installé un fouillis de marchands avec leurs caisses et leurs sacs, et ils ont aménagé au centre une petite place où ils peuvent se tenir, dormir, fumer leur pipe, cuire leur riz ou traiter de petites affaires. À cela s'ajoute que chacun des quatre bateaux a pris en remorque jusqu'à trois ou quatre embarcations moins importantes. Dans la plupart d'entre elles il y a des chevaux, des chèvres et des brebis : pour les nourrir, on jette un sac de paille par-dessus bord, et on le laisse dériver de la poupe au bateau en remorque, où le garde d'étable le repêche à la gaffe. Avec l'un de ces bâtiments, voici que s'établit un va-et-vient plein d'animation, car il est rempli de filles de joie, de celles qu'on appelle « les saintes de La Mecque », et qui gagnent leur vie en travaillant assidûment tout au long de leur pèlerinage à la ville du Prophète...

[...]

Il est préférable de laisser le pécheur s'accuser lui-même : « La pièce où se lavaient les femmes se trouvait à côté de celle dont nous nous servions pour le même usage, et toutes deux étaient si spacieuses que quatre ou cinq personnes pouvaient s'y tenir en même temps. Pour nous y rendre, nous devions seulement descendre quelques marches d'escalier. Je ne fus pas peu surpris au début, d'entendre distinctement des voix de femmes toutes proches chaque fois que je me tenais en bas. J'eus la curiosité de chercher une fente dans la cloison de séparation, et je découvris en effet une petite lézarde. Jusqu'à notre départ de Suez, j'avais à peine entrevu le visage nu d'une musulmane, mais au cours de la traversée, j'en vis davantage. Le matin de bonne heure, il y avait là souvent trois à quatre femmes nues qui se lavaient et se baignaient. »

[...]

Le 29 octobre 1762, les quatre navires jettent l'ancre dans la rade de Djeddah. C'est ici que les Européens se séparent des autres passagers. Les pèlerins musulmans se dirigent vers l'est, vers La Mecque. Nos pèlerins danois poursuivent leur route vers le sud, vers l'Arabie Heureuse.

La Mort en Arabie

La grande caravane des pèlerins venant de Turquie arrive à Suez pour appareiller vers Djeddah, le port de La Mecque. Six mille dromadaires, leurs maîtres entourés d'une cohorte de serviteurs, les pauvres qui suivent la caravane en mendiant, les commerçants qui s'y abritent pour faire des affaires, et des sbires de tout poil dont on achète la protection, transforment Suez en un gigantesque caravansérail. Tout s'y vend et s'y achète : « chèvres, vêtements et femmes s'échangent... les pièces d'argent étincellent au soleil, des montagnes de caisses et de colis s'entassent pêle-mêle... » Nos cinq voyageurs estiment à cinq ou six cents le nombre des personnes à bord du bateau sur lequel ils effectuent la traversée. Trois autres navires les escortent. Niebuhr, en mathématicien-astronome consciencieux, dresse la première carte marine de la mer Rouge, avant de dessiner, en pionnier, celle de l'Arabie Heureuse. À leur descente de bateau, le désert de la Tihama les guette, prélude à de terribles épreuves dont seul le « rustique » allemand sortira vainqueur après avoir continué jusqu'à Persépolis et Bagdad.

SONIA ET ALEXANDRE POUSSIN

14 000 kilomètres dans les pattes

Deux « doux dingues » trentenaires décident de traquer les pas de l'homme de la Préhistoire à nos jours. Départ du cap de Bonne Espérance – il leur en fallait une bonne mesure – passage du sept millième kilomètre au pied du Kilimandjaro, arrivée sur les rives du Lac de Tibériade. Trois ans, trois mois, dix pays, des déserts, des villages, des regards croisés, des mains tendues, des frayeurs, des envolées... L'humanité tout entière, avec ses misères et ses floraisons.

Les jours de désert steppique sur cette bande de goudron chaud se succèdent, très durs, à compter les pylônes, à éviter les camions, à slalomer entre les carcasses de leurs victimes – dromadaires, ânes, chèvres, chiens ou vaches, même combat, même puanteur. Il y a une charogne tous les deux cents mètres. Saisie dans une posture grotesque, ballonnée et disloquée, ou crevée dans un flot de tripes répandues sur le sable, et toujours ces crânes pleins de dents, la bouche ouverte dans un dernier cri comme les chevaux cubistes de *Guernica.* Mortelle randonnée. Nous évitons de marcher sous le vent pour éviter la gerbe. Des petits vieux enturbannés d'une énorme boule de coton blanc, en croupe de leurs baudets, clopinent parfois à nos côtés, leurs jambes battantes frôlant le sol. De vieux camions Morris des années quarante nous dépassent lentement en déployant vers nous des anémones de bras et de mains tendues. Tous arborent d'immenses sourires. Apparemment, nous sommes une curiosité. Nous essayons parfois de marcher dans le désert, parallèlement à la route, mais au bout d'une heure de sable ou après quatre kilomètres de terre molle, nous retournons sur le goudron : on a perdu un kilomètre. Alors nous jouons les funambules, nous marchons sur les dix centimètres extérieurs de la route en prenant garde à ne pas nous tordre les chevilles. Comme le bord du goudron n'est pas régulier, il faut rester vigilant. Je me sers de notre petit miroir comme d'un rétroviseur, afin de guetter les camions qui nous arrivent dans le dos. Surtout ceux qui se doublent, car à ce moment-là, il n'y a plus de place pour tout le monde sur la chaussée et nous devons gicler précipitamment. *Idem* quand deux camions se croisent à notre hauteur. Ce manège monotone et bruyant, pour échapper à la grande Faucheuse, nous occupe tout le jour. Et toujours ces carcasses d'animaux... Quand une bouffée méphitique nous surprend, nous sommes saisis de spasmes qui nous font cracher de la bile. C'est pathétique et morbide. Tout pue la mort. Seuls les camions nous distraient. Beaucoup viennent d'Allemagne ou de France ; des modèles des années quatre-vingt ; et l'on se demande par quel miracle, par quelle étrange filière ils ont été revendus dans les parages : un semi-remorque Norbert Dentressangle croise ainsi un vieux car Rigeaudeau ou un camion de livraison du Domaine de l'Orme. Un peu de baume dans la fournaise et la puanteur. Qui aurait cru que nous puissions être émus par une bâche de camion ?

Un chauffeur philippin s'arrête pour nous donner un

paquet de biscuits. Un autre jour, c'est un Kurde irakien qui nous fait passer deux Pepsi glacés et un paquet de nouilles. Oui, cela a du sens de marcher sur cette route infernale, non, ça ne sert pas à rien. Ça permet de croiser les destins d'un Philippin et d'un Kurde en plein désert. Cela réconcilie, s'il en était besoin, avec l'humanité tout entière.

Africa Trek II
Du Kilimandjaro au lac de Tibériade

Les Poussin marchent sans déroger. Fragiles, forts, souples, cassés, meurtris mais tenaces, enragés… Marchent dans leurs têtes et dans leurs cœurs, livreurs d'un trop plein d'amour, chasseurs lucides de réalités composites, complexes, révoltantes, sublimes… Ils pointent les horreurs de l'excision et de l'infibulation, les dérives humanitaires qui enrichissent les riches, l'intelligence d'initiatives personnelles et locales qui sèment un peu plus de justice. Leur marche tourne à la Passion sous les jets de pierres de bandes d'enfants excités alors qu'ils traversent quelques villages éthiopiens. Presque toujours, une porte s'ouvre, une main prête assistance, accueille, refoule avec force ceux des siens qui voudraient en découdre avec ces deux blancs, pour une fois, plus faibles qu'eux… Pèlerins de leur foi en l'humanité, ils portent pas à pas les prières de ceux qui, toutes religions confondues, n'iront jamais dans la sainte ville de Jérusalem. Ces deux nomades incarnés partagent avec autant de verve et d'émotion leurs petites et grandes misères que leurs enthousiasmes, leurs amitiés, leurs amours d'homme et de femme. On aurait bien voulu être du voyage… Le rêver, à pas léger, est déjà un privilège.

MONIQUE VÉRITÉ

L'Azalaï

En 1937, deux femmes, Odette du Puigaudeau et son amie Marion, passent une nuit de novembre au poste d'Arouane, dernier point d'eau où vont s'abreuver les 3 500 dromadaires de l'azalaï, la caravane de sel. Les deux Françaises seront du voyage jusqu'aux salines de Taoudéni. Les tribus et leurs troupeaux convergent à deux jours de marche d'Arouane pour le grand départ...

Enfin, le jeudi 2 décembre à 6 heures, le désert se met en route.

Sur la plaine obscure, les clameurs de 3 500 chameaux réveillés par les convoyeurs ont brutalement rompu le silence de la nuit.

En hâte, on a levé le camp.

Lorsque la caravane de Moulay fut prête, les hommes (et nous comme les autres, à notre rang de départ) s'accroupirent sur le sable glacé, grelottant sous les burnous, le bâton en travers des genoux et le poignet dans l'anneau de la bride. Debout, les montures et les chameaux de charge attendaient, massés derrière nous.

Engourdies de froid et de sommeil, nous avons attendu longtemps, sans curiosité ni impatience, comme les bêtes, sans même penser à demander pourquoi.

Une lueur terne sépara de lourdes nuées, s'élargit et

s'étira lentement au-dessus de la plaine. Un grondement sourd roula comme un orage lointain :

– Le tobeul !

Aussitôt, il sembla que, parmi les ombres et les lumières de l'aube, les sables se levaient en masses confuses. Les dunes croulaient dans l'oued. L'oued gonflé se mouvait vers le Nord. Les caravanes s'avançaient, majestueuses, fauves et brunes, estompées de pénombre rougeâtre et de sable roussi.

Deux méharistes s'élancèrent au grand trot, en éclaireurs, et disparurent.

Sur leurs traces, le maître-de-l'Azalaï, solitaire, ouvrait la marche, suivi du petit groupe des chefs, à pied, et de leurs montures tendant vers le ciel embrasé les coupes de leurs rahla vides.

Et le grand exode commença.

Toutes les caravanes des Berabich de l'Est et de l'Ouest défilèrent d'abord, sur plusieurs rangs, par longues cordées rectilignes, par masses compactes de bêtes haut-le-pied autour desquelles les hommes couraient en brandissant leurs bâtons, par groupes de montures confiées à un berger jusqu'à l'heure du boute-selle.

À contre-jour, déformés par les charges, cous tendus horizontalement entre les remorques, les chameaux de bât avaient des silhouettes monstrueuses, en dérive au-dessus du nuage de sable qui leur montait au poitrail. Ceux qui portaient le sbot semblaient des meules errantes.

De loin en loin, un espace vide coupait l'énorme corps.

Puis d'autres caravanes surgissaient, dans le même ordre : un détachement d'hommes à pied, le troupeau des bêtes libres, les convois de marchandises, les porteurs de paille, avec les mêmes mouvements indéfiniment répétés, les mêmes pulsations transmises de proche en proche, comme si tous les hommes, toutes ces bêtes étaient les membres d'un seul être.

Il n'y avait plus de chameaux et de chameliers. Il y avait une vie unique et impérieuse. Il y avait l'azalaï qui est sourde et aveugle et qui, une fois lancée, marche sur les traces de ses guides invisibles jusqu'au signal de halte, selon un ordre immuable et des lois séculaires.

Odette du Puigaudeau, Une Bretonne au désert

L'azalaï va parcourir 500 kilomètres de désert. Huit jours suffiront pour parvenir à destination. Des journées au rituel sempiternel. Lever vers 4 heures pour la première prière. À six heures, l'immense caravane s'ébranle. On va à pied. Au bout de deux heures de marche, un chef de caravane fait le signe de se mettre en selle. L'ordre se transmet tout au long de la caravane bien que la plupart des cavaliers n'aient pas vu le geste initial. La caravane ne s'arrête pas. Personne ne traîne car les traces s'effacent vite, surtout s'il vente. Si une bête meurt d'épuisement, on lui retire sa charge d'herbe sèche, on pose les *guerbas* (outres en peau de chèvre) à terre et on trace un cercle pour dire que l'on repassera. À l'heure du Moghreb, vers six heures, le *tobeul* (tambour) annonce le bivouac. Chaque tribu s'installe selon la place (direction des points cardinaux) qui lui revient de mémoire d'homme. La caravane s'arrête quatre jours à Taoudéni pour charger les lourdes plaques de sel gemme. Et c'est le retour.

MARIE-LOUISE LÉDÉ

Caravane à moteur

Vaisseau moderne du désert, il annonce la mort des antiques caravanes, le camion qui arpente la piste encore hésitante par endroits pour relier le Maghreb au Tchad, puis au-delà vers l'Afrique Noire. Marie-Louise Lédé, journaliste tour à tour pour le Figaro, *la* Revue des Deux Mondes *et le* Mercure de France, *s'enfonce dans le Hoggar pour aller séjourner seule au campement de l'Amenokal Akhamouk, suzerain des tribus nobles touarègues.*

« ...Ici commence le vrai désert !... »

Debout sur le toit du camion qui nous emmène ce matin, le chauffeur de la S.A.T.T., un petit Breton crâne et râblé, surmonté d'un béret basque, jette cette sentence en chargeant les bagages, et en brandissant à bout de bras, une valise, tel un centurion antique, son bouclier.

J'ai rejoint à El Goléa le groupe des touristes du Touring-Club. Ils sont dix qui s'ébrouent dans le petit jour pointant à peine sur l'erg lisse. Qui donc prétend que les Français ne voyagent pas ? Parmi mes nouveaux compagnons, sauf un Anglais qui regagne Kano, en Nigeria et l'inévitable « old lady » qui se pâme devant les couchers de soleil, pas un n'est étranger. Et le plus jeune d'entre eux a soixante ans !

Le camion porte, inscrits sur ses flancs, comme des

traits de lumière, des noms prestigieux : Alger – Le Hoggar – Le Tchad. Et ces assoiffés d'horizons, séduits comme une jouvencelle par l'appel des lointains, vont affronter sans hésitation et sans une défaillance les étapes quotidiennes de cinq cents kilomètres sur des pistes mouvementées, les ensablements, les longues haltes en plein soleil sur un bout de caillou plus brûlant qu'un brasier, les départs à trois heures du matin, les arrivées problématiques, bref, toutes les fatigues du désert – « Sihira Bouch ! » – pour rien, pour poser trois ou quatre jours à Tamanrasset, but terminal des voyages au Hoggar, où ils ne verront même pas les Touaregs !

[...]

Nous traversons le Tademait, plateau d'argile et de grès sombre – noir, nu, livide – maudit, cadavre de planète quaternaire engloutie par les siècles, vieux débris de terre usé, nettoyé, décharné jusqu'à l'os, qui s'effondre sur ses soubassements et disparaît peu à peu dans l'abîme intérieur.

C'était, à l'époque préhistorique, une montagne. Ce n'est plus aujourd'hui que cette carcasse agonisante. Dans dix mille ans, ce ne sera plus, sans doute, qu'une cuvette creusée dans le Néant sans fond. Tragique destin des terres qui sont mortes au cours des âges et qui, plus jamais, ne renaîtront. Mais ce destin refuse au Tademait le repos définitif des vieux sols momifiés. Sa trace même doit disparaître, rongée par on ne sait quel insatiable monstre souterrain. Que pèsent les pauvres brochets préhistoriques sur ces squelettes terrestres ? Et dans dix, vingt mille ans, quelle trace restera-t-il de notre passage, de nos cités orgueilleuses, de nos civilisations ?...

La piste fuit devant nous, droite et mince, à peine visible entre les redjems, ces bornes de pierres assemblées qu'élèvent les nomades pour reconnaître leur route. Les touristes dorment béatement.

Parfois, pour trouver un terrain meilleur, le chauffeur de notre camion qu'assiste le guide indigène perché sur le toit, quitte les sillons et s'engage en plein inconnu. Il ne nous reste plus, alors, aucun point de repère, aucune bouée de secours auxquels l'œil inquiet puisse s'accrocher. Nous semblons rouler vers la fin du monde. Le mirage nous suit comme un fantôme et, frappés par je ne sais quelle nostalgique réverbération, des cailloux, par places, ont la couleur verte et l'aspect des champs de mousse.

Seule avec les Touaregs
Publié par les éditions André Bonne en 1954

Avant de rallier Tamanrasset, au large de la piste, Marie-Louise Lédé tressaille en apercevant flotter le drapeau français sur le sommet de la Garet El Djenoun. Ce drapeau planté sur la montagne interdite des Touaregs par les bons soins du Capitaine Coche et du guide Frison-Roche en 1935 rappelle un épisode peu glorieux... Cette montagne censée abriter les génies était restée inviolée jusqu'à ce que la mission française se mêle de démontrer que les « civilisés » n'ont peur de rien. Grimper sur cette montagne, certes à la roche très friable, n'est pas vraiment un exploit : il y a quelques années une classe d'école élémentaire de la région lyonnaise l'a escaladée. Pourtant, le fait de pratiquer une ascension pour défier des tabous et des frayeurs qui ne sont pas siens, devrait faire réfléchir. « À vaincre sans péril, on triomphe sans gloire », dit un certain Cid Campeador en alexandrin.

Or, le Capitaine Coche et Frison-Roche se sont autoproclamés vainqueurs de génies auxquels ils ne croyaient pas. Il se greffe sur cet épisode des relents malsains. On peut lire ainsi dans *Carnets sahariens* de Frison-Roche à propos de cette « première » (collection J'ai lu, p. 46) : « Trois tentatives ont été faites par des Européens ; pour le prestige de notre race, il faut que vous réussissiez. Un blanc doit triompher des Djenouns. Un blanc doit passer. » Qu'à cela ne tienne, mauvais ou bon génie, tout retourne au sable du désert, même notre drapeau…

EMMANUEL GREVIN

Le sourire de Dassine

Dans les années trente, aller d'Alger à Tamanrasset en car prend une semaine avec deux escales à El Goléa et In-Salah. 2300 kilomètres d'aventures et de rencontres pittoresques émaillés d'arrêts dans les bordjs-hôtels... Grimper jusqu'à l'ermitage d'été du Père de Foucauld dans le massif de la Koudia oblige à renouer avec l'ancestrale méharée. Et le soir, au bivouac comme à l'Ahal, la Cour d'Amour des Touaregs, un beau sourire de femme illumine la nuit...

La bechna est horriblement fade; ce n'est que du mil, préalablement écrasé entre deux pierres, et qui bout dans beaucoup d'eau avec un rien de beurre rance et très peu de sel. Vous mangez cela avec de la galette de blé cuite sous la cendre, dure et indigeste. C'est tout le repas du Targui. [...]

Dassine était la grande poétesse du Hoggar. Comment était-elle ?

– Elle était très belle femme... avec des yeux magnifiques et un sourire à rendre fou, quand elle était jeune. Et puis, elle est devenue grosse et laide.

Tu sais qu'elle était la sœur de notre Aménokal. Tous les Hoggar l'aimaient tant elle était belle, et musicienne et poète. Elle avait épousé Aflan, un très noble targui qui est mort il y a cinq, six ans.

Est-ce que tu sais que l'Aménokal Moussa ag Amastane a été amoureux d'elle toute sa vie ? Il composait des poèmes que tout le monde chante ici. [...]

Enfin, tu es à moi ; tes bras se sont tendus vers moi comme des palmes, tes mains ont soulevé le voile sur mes lèvres.
Je suis tombé dans ton amour comme dans une tombe, la vie s'est refermée sur moi.
Quel plaisir peuvent me faire à présent les fruits les plus sucrés et le miel le plus doux ?

[...]

– Mais il n'était pas son seul amoureux et je t'assure qu'avant son mariage, quand Dassine offrait un ahal, elle en voyait beaucoup arriver sur des méhara blancs.

– Pourquoi des méhara blancs ?

– Tu ne sais pas pourquoi ? parce qu'il faut arriver sur un méhari blanc quand on veut être aimé d'une femme. Mais sais-tu comment elle avait épousé Aflan ? Je vais te le dire, écoute, tu verras, tu verras.

Il y avait un grand targui batailleur qui s'appelait Sourhi ag Chikat, Sourhi fils de Chikat. En arabe, tu dis : *« ben »,* pour *« fils de » ;* nous, nous disons en tamakek, *« ag »,* mais c'est la même chose.

Donc Sourhi aimait Dassine, comme tout le monde, mais il était violent. Or, un soir d'ahal, où il était présent et était torturé par le désir, il a vu arriver Aflan monté sur un superbe méhari blanc. Alors, il est devenu fou et il a tué le méhari, là, devant tout le monde. Aflan aurait pu tuer Sourhi ; mais il respectait trop Dassine pour répandre le sang devant elle. Il se mit à rire, simplement ; tu comprends, il le méprisait. Toi, tu te serais jeté sur Sourhi, tu l'aurais tué, ou tu te serais plaint au capitaine ; mais Aflan était un targui très noble, il savait mépriser, et il se contenta de rire. Tu sais, quand on est un noble targui, ne pas tuer un homme qui vous insulte, c'est plus courageux que de l'abattre d'un coup de takouba.

Dassine trouva cela tellement magnifique, qu'elle aima Aflan. Et c'est ainsi qu'Aflan devint l'époux de Dassine.

Voyage au Hoggar

Les touristes pionniers en route pour le Hoggar mystérieux font tous halte pour visiter « le désert dans le désert » (G. Rozet) : le M'zab, situé à 500 kilomètres au sud d'Alger. Pays pétri de toutes pièces par des Berbères musulmans de la secte des Ibadites, considérés, même actuellement, comme hérétiques par les autres croyants. Persécutés, pourchassés ils se réfugièrent dans l'endroit le plus déshérité du Sahara, le long de l'oued M'zab. Là, ils construisirent la Pentapole – qui fit l'admiration de Le Corbusier : El Ateuf en 1011, Bou-Noura, Beni-Isguen, Mélika et Ghardaïa pour couronner l'ensemble en 1053. Entourées de palmeraies jalousement entretenues, à l'irrigation strictement contrôlée par des barrages en forme de peigne qui permettent de répartir les flux, les cinq villes surgirent des mains des Mozabites qui créèrent une architecture originale et une urbanisation en harmonie avec leur mode de vie. Perchées sur de petites hauteurs, les villes se déroulent en escargot à partir de la mosquée juchée sur le sommet. Aucune porte en vis-à-vis ; des murs piquetés pour émousser les rayons du soleil et garantir la fraîcheur à l'intérieur des maisons ; des façades aux couleurs pastel de rose, bleu, jaune, ocre ; des minarets qui vont s'étroitisant dans le ciel intense... Les puritains de l'Islam ont depuis toujours un sens inné de la beauté.

ABDUL WAHID RADHU

Salam Dalaï

La tradition remonte au XVIIIe siècle : rassembler une caravane au départ de Leh, capitale du Ladakh, chargée de présents pour aller honorer le Dalaï Lama à Lhassa. Nous sommes en 1942, avant l'indépendance et la partition de l'Inde. Le Tibet est encore libre. Abdul, tout jeune marié, se joint à la caravane. De religion musulmane, ses parents après avoir hésité, ont confié sa scolarité aux missions chrétiennes. Abdul maîtrise ainsi l'anglais. Intelligent et fin, il « navigue » dans les hautes eaux de religions et de cultures différentes.

Ma vie d'homme marié dura trois semaines pendant lesquelles je fus très occupé à préparer mon départ avec la caravane de Lopchak, le 19 novembre 1942. Je ne devais revoir ma femme qu'au bout d'une année et demie.

À la peine de cette séparation s'ajoutait la confusion intellectuelle où m'avaient plongé mes études universitaires. Car j'étais de plus en plus tiraillé entre deux tendances contradictoires, d'un côté la séduction de la culture moderne dont Aligarh m'avait ouvert les portes, de l'autre l'irrésistible attraction du Tibet. Était-il possible qu'un pays si manifestement empreint de spiritualité, dont les habitants étaient d'une si fervente piété, fût le domaine d'une religion fausse ? Le génie véritable et profond de l'islam n'engage-t-il pas à reconnaître la vérité sous toutes ses formes ?

La lenteur de la caravane me laissait tout loisir de réfléchir à ces questions. Je ressentais de l'affinité pour les habitants, presque toujours bouddhistes, des hautes terres que nous traversions, leur trouvant de belles attitudes humaines correspondant aux idéaux de l'islam. Leurs âmes paraissaient en paix, ils vivaient en harmonie avec la nature austère qui les entourait et leur sérénité témoignait d'une parfaite acceptation de leur destin. Après une longue chevauchée, lorsque nous arrivions fatigués dans un campement de nomades, il en était toujours au moins un qui faisait tourner son moulin à prière. Chez ces hommes simples et illettrés, le recueillement paraissait un état normal et leur piété donnait une impression d'intériorité. En comparaison, la religion des intellectuels que j'avais fréquentés à Aligarh me semblait formaliste. Toutes ces pensées ne faisaient qu'alimenter ma perplexité.

[...]

8 décembre 1942

Après avoir quitté Nahchaq, nous avons cheminé parmi des paysages d'une beauté grandiose. Malheureusement Khwaja Abdul Aziz est resté souffrant pendant toute l'étape. Mais un vrai caravanier du désert doit savoir accepter pareilles épreuves et apprendre à les supporter. Nous campons au bord du Lio Tsangpo (affluent du Brahmapoutre) où les nomades nous avaient préparé un excellent accueil. Le ciel a commencé à se couvrir. Khwaja Abdul Aziz se sent un peu mieux.

9 décembre

Tôt ce matin, j'ai admiré la vue magnifique qu'offrait le Lio Tsangpo. Le ciel s'était éclairci et un soleil éclatant s'élevait au-dessus de l'horizon. Comme l'état de l'oncle continuait de s'améliorer, nous avons pu nous mettre en route assez tôt pour arriver à midi à Toksum Tasam. Nous avons pris nos quartiers dans une maison dépourvue de toit mais recouverte d'un rabo (toile de tente) en poil de yak.

Comme la saison était fort avancée, la plupart des nomades avaient déjà gagné leurs quartiers d'hiver à de moindres altitudes, si bien que nous avons cheminé les jours suivants dans des régions presque totalement désertes. Pourtant, près de Kacho (ou Ganju), nous aperçûmes un *gompa* (monastère) sur une éminence où il s'intégrait parfaitement à un paysage à la fois austère et harmonieux.

Caravane tibétaine,
adaptation Roger du Pasquier
« Peuples du monde », Éditions Ceretour, 1991
Réédition parue chez Fayard en 1981 (épuisé)

Parvenu à Lhassa, Abdul Wahid participe au *durbar du Mönlam*, le Nouvel An tibétain, célébré au Potala en présence du Dalaï-Lama. Pendant cette grandiose audience, les bouddhistes ladakhis qui font partie de la caravane, offrent en étrennes à Sa Sainteté : une petite quantité d'or, du safran, des châles du Cachemire, des tissus du Sinkiang et... des abricots secs, symbole de leur pays. *« Sur un trône, dominant l'assistance, le Dalaï-Lama était assis en tailleur. Il n'était alors qu'un enfant de huit ans, mais son visage innocent semblait déjà empreint de dignité et d'autorité. Derrière lui, les plus hauts dignitaires, le régent à leur tête, ne le quittaient pas des yeux, comme s'il eût été leur prisonnier, surveillant en même temps les membres de sa famille, son père surtout que certains accusaient d'abuser de la situation.* » Les assistants devaient se prosterner devant l'enfant souverain, à l'exception du représentant britannique et des musulmans. Dans un remarquable souci de tolérance, le Grand Treizième Dalaï-Lama, prédécesseur de Sa Sainteté actuelle, avait institué ce rite. Abdul Wahid salua donc à l'islamique le futur hôte de Dharamsala : « *Salam Aleïkoum, la paix soit sur toi…* »

THIERRY ZARCONE

Le forum des religions

Pour rallier la Chine de la Russie ou de l'Iran, les routes caravanières d'Asie centrale longeaient par le nord ou par le sud le terrible désert de sable du Takla-Makan. Si on en réchappait par le sud, il fallait encore, avant de franchir la porte extrême occidentale de la Grande Muraille, louvoyer entre désert de Gobi et Tibet du Nord. La passion des Chinois pour le jade et la soie fit de ces routes des circuits commerciaux fréquentés. Des oasis comme Yarkand et Khotan furent de hauts lieux de civilisation.

La province autonome ouïgoure du Sinkiang reste pour les Chinois de la République populaire de Chine une région lointaine, et les oasis de Yarkand et de Khotan, un monde plus éloigné encore.

Isolées, protégées par des barrières montagneuses et des déserts infranchissables, les oasis de la route du jade ont longtemps été un carrefour de civilisation. Habitées en premier lieu par des peuples parlant des langues indo-européennes, Tokhariens et anciens Iraniens, elles ont ensuite été occupées par leurs descendants, Khotanais et Sogdiens, et par de nombreuses autres ethnies qui se sont, à des degrés variés, mêlées aux premiers habitants, Chinois, Tibétains, Arabes, Turcs et Mongols. Les Turcs en sont les derniers occupants, et les Chinois deviennent, depuis la fin du XIXe siècle, de plus en plus présents. De nombreuses religions s'y sont rencontrées, vivant parfois en bonne intelligence ou s'affrontant avec une grande violence : bouddhisme, hindouisme, zoroastrisme, christianisme et manichéisme. L'islam s'est finalement imposé et demeure actuellement la loi spirituelle de la route du Jade. Les échanges culturels ont contribué à faire de ces oasis des musées d'une grande richesse, où les vestiges de temples du feu mazdéens côtoient les ruines de *stūpas* ou de monastères bouddhistes, eux-mêmes à proximité de mosquées ou de mausolées de saints musulmans. Qui plus est, la mémoire des habitants actuels de l'oasis plonge dans un passé culturel et religieux qui remonte bien plus loin que celui de la religion du Prophète, se faisant le conservatoire de toutes sortes de croyances, pratiques et légendes recouvertes d'un vernis islamique.

La récolte du jade et son commerce vers la Chine sont, enfin, d'une certaine manière, des activités qui lient, par-delà les siècles, sur la longue durée, les peuples de ces oasis. Au VIe siècle, les richesses en jade de l'oasis étaient bien connues et, au VIIIe siècle, on recherchait déjà les endroits où le reflet de la lune était le plus intense sur les eaux des rivières… En ce temps, les prières des habitants de l'oasis allaient vers les dieux du panthéon zoroastrien ou vers le Bouddha. De cette époque les chroniques datent aussi l'introduction de la culture du ver à soie et la production de soie, qui contribua, après le jade, à rendre Khotan célèbre jusqu'aux confins occidentaux des grandes routes asiatiques.

Autrefois, Khotan ne possédait pas de mûriers ni de vers à soie; il en demanda à un royaume voisin, qui ne voulut pas lui en donner, mais qui consentit à la demande que lui adressa le roi de prendre femme chez lui ; quand on alla chercher [la fiancée], on lui dit « Dans notre pays, nous n'avons pas de soie ; il vous faut prendre des vers à soie pour pouvoir vous faire des vêtements. » La jeune fille ainsi avertie plaça des vers à soie dans la doublure ouatée de son bonnet ; les gardiens de la douane n'osèrent pas l'inspecter ; c'est à partir de ce moment que pour la première fois on eut des vers à soie. La princesse fit graver une inscription sur pierre pour imposer la règle de ne pas tuer les vers à soie et de ne se servir des cocons qu'après que les papillons auraient pris leur envol...

Khotan est demeurée la première ville du Turkestan oriental et peut-être de tout le Turkestan pour la production de soie.

La Route du Jade, Un voyage de vingt siècles,
collection « Mémoires », N° 72

Premier visiteur à avoir signalé sa présence à Khotan : l'intrépide Marco Polo qui a choisi la route du Sud pour répondre à l'invitation du Grand Khan. Quatre siècles plus tard, un jésuite du nom de Benedict Goës passe par Khotan. En 1866, un certain Johnson y débarque en pleine révolution. On vient de massacrer toute la population chinoise de l'oasis afin de se libérer de l'emprise de l'Empire du Milieu. Le plus dramatique aux yeux du voyageur est la pénurie de thé. Comme on ne commerce plus avec la Chine, la précieuse denrée s'est raréfiée. Il n'est pas le seul à se lamenter, les musulmans, privés de leur boisson favorite, font chorus. Comme un malheur n'arrive jamais seul, Johnson subit des vents de sable terrifiants qui continuent aujourd'hui encore à s'abattre sur la ville.

Tempête ou pas, l'atmosphère n'est guère hospitalière. En effet, l'air brasse tant de sable, que l'Européen est contraint d'allumer une chandelle en plein midi pour pouvoir lire. Les caravanes délaissent peu à peu la route du Sud. Khotan périclite. Ella Maillart y séjournera en 1935, déçue de ne découvrir que « quelques grandes mosquées modernes : pas le moindre vestige des temps passés ». Le plus grand mérite de l'oasis est, apparemment, d'avoir survécu à l'ensablement.

ANNE-MARIE TOLBA

Les filles du désert

Chinguetti, Ouadane, Oualata, Tichit, quatuor de villes classées au patrimoine mondial de l'humanité, lieux caravaniers de la soif du savoir puisé à la source de leurs bibliothèques, enflamment l'imagination des voyageurs depuis le XV*e siècle. Les légendes content leurs créations miraculeuses et Odette du Puigaudeau qui aborde Chinguetti en 1945, constate émerveillée : « On ne sait ce qui appartient (ici) à la nature et ce qui appartient aux hommes. »*

Si les villes sont filles du désert, leurs habitants sont « ceux du désert », *Ehl badiyye*, les bédouins, si foncièrement nomades que tout ce qu'ils créent porte la marque du nomadisme. « [...]. Pour tous, les biens temporels ne sont que le terrain nourricier des moissons de l'esprit, et [...] ils savent remonter à leurs sources par la vie errante du pasteur, propice aux méditations, aux disciplines, au détachement, aux leçons de patience et d'humilité » (Odette du Puigaudeau).

Lieux d'échanges et de rencontres, foyers culturels et religieux, les villes anciennes de Mauritanie sont filles de nomades, chameliers et caravaniers. Leurs habitants, les « gens des murs », se disent nomades, vivant en symbiose avec l'espace et le vent. Tout un chacun peut être tour à tour citadin, éleveur transhumant, commerçant caravanier, berger ou cultivateur. Les référents puits, palmier, maison, chameau se confondent intimement dans une représentation spatiale tellurique. « Le puits profond », « la petite source », « le petit puits », « la corde à bœufs », « l'entrave de chameau », autant de noms de quartiers qui prouvent que l'élevage domine les villes. De génération en génération se transmet la tradition nomade. On quitte les murs pour s'installer sous la tente dans la *badiyye*, ce désert proche, cet espace du bédouin, à la recherche du calme, d'une vie plus proche de la nature, d'un retour aux sources. Habiter une maison « en dur » n'est pas, ici, un critère de citadinité.

La répulsion instinctive des Maures pour la vie sédentaire « qui amollit le cœur et l'âme », et à laquelle ils sont parfois contraints, les dissuade d'embellir leurs maisons qui ne sont que des gîtes de passage. Les plus riches de ces demeures restent celles de nomades au mobilier identique à celui de la tente : une natte en éclis de palme déroulée par terre, quelques coussins de cuir, des sacs de voyage posés sur une selle, des vêtements pendus à des pieux de bois fichés dans les murs, des coffres à livres garnis de cuir et de gros clous, un plateau de cuivre rangé dans un coin avec le nécessaire à thé. C'est tout. « Les maisons sahariennes sont accueillantes à l'arrivée, discrètes au départ. On y vit léger et on en déménage en deux heures, le temps de seller des montures et de charger trois chameaux de bagages » (Odette du Puigaudeau).

Points inscrits sur des itinéraires tricentenaires, lieux inclus dans des territoires nomades, bâtis et rebâtis sur les ruines d'anciens sites, dont les sables gardent le secret, villes, vous êtes filles de mémoire.

Mon pays est une perle discrète
Telles des traces dans le sable
Mon pays est une perle discrète
Tels des murmures des vagues
Sous un bruissement vespéral
Mon pays est un palimpseste
Où s'usent mes yeux insomniaques
Pour traquer la mémoire.

Ousmane Moussa Diagana, *Notules de rêve* pour une symphonie amoureuse.

Villes de sables, Les cités bibliothèques du désert mauritanien

Ces filles du désert sont libres à l'image de leurs hôtes de passage. Elles sont des coquilles disponibles pour des haltes de durées taillées à la mesure nomade. La construction des maisons est décidée par la *jemaa*, assemblée des notables, et leur réalisation repose sur la communauté des *citadins-nomades*. Si une famille possède une maison, ce n'est pas une raison déterminante pour s'y installer et se sédentariser. Elle la quitte sans souci pour une ou plusieurs années afin de vivre « dans la "brousse", à proximité d'une ville où elle s'approvisionne ; elle se déplace quand le "camp est usé". Une autre année, ce même groupe de "citadins-nomades" s'achemine, beaucoup plus loin, vers de meilleurs et plus abondants pâturages. Puis, pendant plusieurs années, cette famille s'installe à nouveau à l'endroit qu'elle avait quitté ». L'histoire de la communauté ne se brise pas en mille morceaux éclatés dans ces tours et détours. Les chroniques sont mémorisées par plusieurs personnes qui les récitent par cœur depuis la plus ancienne année connue.

Chaque année porte un nom qui rappelle un événement marquant. Ce nom change selon la région, la ville ou la tribu. L'espace et le temps marchent à l'amble pour créer une notion complexe de territoire sans frontières « comme horizon individuel et collectif de connaissance et de pratique de l'espace, mais aussi comme conditionnement de l'identité sociale ».

PAUL BOWLES

Tricoti, tricota, la caravane passe...

Nomade libre à l'échelle de la planète, Paul Bowles renoue malgré les apparences avec la tradition ancestrale qui veut qu'on nomadise selon quelques itinéraires récurrents qui permettent de survivre. Le titre anglais, Without Stopping, *est explicite. Paul Bowles se mêla une fois de devenir propriétaire d'un bout de cette terre, une île exactement, Taprobane, au large de Ceylan. Jane, sa femme, ne s'y plut pas. Ils revendirent.*

Deux jours plus tard, je rencontrai le *bach' hamar* de la région et je lui demandai, moyennant finances, de nous procurer deux chameaux et un guide pour nous rendre à El-Oued en traversant l'extrémité nord du Grand Erg Oriental. En guise de provisions, nous achetâmes une caisse de Vittel, une grande boîte de biscuits, et cinq kilos de dattes Deglat Nour. Pour dormir, nous nous procurâmes des couvertures de dix mètres de long qui, une fois pliées, faisaient office de selles, ni l'une ni l'autre des deux bêtes n'en étant équipées.

À l'est de Touggourt, nous traversâmes une série de petites oasis où des milliers de criquets sillonnaient l'air.

Notre guide avait le chic pour les attraper en plein vol ; il arrachait la tête et les pattes, et les écrasait entre les dents comme du céleri, l'air satisfait. Ni George ni moi n'eûmes envie de les partager avec lui, pas plus que nous n'acceptâmes son offre de boire de l'eau de sa *gourba* qu'il remplissait du liquide verdâtre qui stagnait dans les trous que nous rencontrions chemin faisant. Le travail du guide consistait à marcher à côté de nous, en s'efforçant de faire avancer les chameaux dans une direction donnée, tâche beaucoup plus malaisée qu'il n'y paraissait, car c'était des bêtes de somme qui n'avaient pas l'habitude d'être montées. S'il y avait quelques végétaux rabougris dans les parages, il les laissait s'aventurer dans leur direction et brouter à leur guise, et quand nous nous avisions de labourer leurs flancs de coups de talons pour les faire avancer, il protestait. De temps en temps, lorsqu'ils repéraient un objet blanc au loin, les chameaux changeaient de direction et allaient l'examiner. L'objet en question était toujours un petit tas d'ossements, ou un os isolé, et chaque animal en prenait un dans la bouche et se mettait à le mâchonner, l'air content, jusqu'à ce que le guide qui, dans ces cas-là, était furieux, le leur arrachât. Il nous expliqua qu'un chameau qui a un os dans la bouche ne se donne plus la peine de brouter, et il voulait que ses bêtes mangent le plus possible pendant le trajet.

Il n'y avait pas de piste, mais quand on avait des doutes quant à la direction à suivre, il suffisait de monter au sommet de la dune la plus proche pour repérer l'une des bornes en ciment que les Français avaient érigées de loin en loin. La nuit, nous dormions dans les *bordjes* qui, eux aussi, avaient été construits par les Français à l'usage des caravanes. (Un *bordj* est une sorte de comptoir entouré d'une enceinte fortifiée.) Des installations étaient prévues, d'un côté pour les chameaux, de l'autre pour les hommes.

Elles se limitaient à une rangée de boxes avec des murs et un plafond, mais pas de plancher. On se roulait dans sa couverture et on dormait à même le sable. À l'aube, on buvait du thé chaud et on repartait une fois de plus. Le troisième jour, j'avais la peau tellement irritée par le dandinement du chameau que je décidai de ne plus le monter. George fit de même. Pendant tout notre périple, le guide tricota tout en marchant ; il nous dit qu'il se faisait une écharpe. Il mettait la partie qu'il avait terminée autour de son cou, et il avançait, les yeux baissés, tout en maniant ses aiguilles.

Au bout de trois jours de voyage, nous arrivâmes dans le Souf avec ses oasis en forme d'entonnoir enfoncées dans le sable, puis dans la région d'El-Oued où nous nous séparâmes du guide après l'avoir payé. À table, dans la salle à manger de l'hôtel Transatlantique, on nous servit de l'eau du coin, en nous affirmant qu'elle n'était pas polluée.

Mémoires d'un nomade (1972)
Traduction française publiée
par les éditions Quai Voltaire en 1989

De bivouac aimé, Tanger est devenu le port d'attache de Paul Bowles. « Je n'ai pas choisi de résider à Tanger ; cela s'est fait tout seul… j'avais l'intention d'aller ailleurs, encore et toujours, sans jamais me fixer définitivement… Si je suis encore ici aujourd'hui, c'est uniquement parce que je m'y trouvais le jour où je compris que le monde enlaidissait, et que je n'avais plus envie de voyager. » C'est ainsi que l'écrivain-musicien rapporte un peu laconiquement comment il a posé presque définitivement ses bagages. Le musicien aurait pu composer une mélodie lancinante pour accompagner ces mots de l'écrivain : « ... Il y a plus : j'aime à penser que, la nuit, pendant mon sommeil, la sorcellerie creuse des milliers de tunnels invisibles... des sorts sont jetés, le poison se répand ; des âmes sont dépossédées de la pseudo-conscience qui se terre dans les replis secrets et vulnérables de l'esprit. » Le voyageur désormais immobile, n'a pas dit son dernier mot pour prendre la tangente de l'imaginaire...

JEMIA ET J.M.G. LE CLÉZIO

Peau-Rouge d'Afrique

Pour mettre en route « sa » caravane, celle de la quête des origines, il faut que le temps en soit venu apparemment tout seul. On a atteint plus ou moins patiemment cette maturité d'équilibre où on agit autant qu'on sature. Ou l'inverse. Jemia entraîne J.M.G. sur la piste immémorielle de sa tribu Hamraniya. *Ce qui signifie « Peau-Rouge ». Une piste qui croise celle de la folie Vieuchange...*

Il n'y a pas de plus grande émotion que d'entrer dans le désert. Aucun désert ne ressemble à un autre, et pourtant, chaque fois le cœur bat plus fort.

[...]

À partir du Draa, on entre vraiment dans le Sahara. La rive sud du grand fleuve est un escarpement qui fait changer de monde. D'un côté la vallée brumeuse, qui porte les traces de l'occupation humaine ; de l'autre, un socle dur, semé de pierres noires aiguës. Étrange voyage que celui de Vieuchange, qui donna sa vie sur cette route pour atteindre la ville de Smara, pour être, comme il l'écrit dans ses carnets, « le premier de sa race » à y entrer. Pourtant, malgré tout ce qui nous sépare (et d'abord la facilité de notre voyage) nous partageons son émotion, son impatience.

Le plateau de la Gadda est bien tel qu'il l'a vu, sans fin, monotone, presque sépulcral, d'une beauté hors de la mesure humaine. Minéral : au fur et à mesure qu'on avance vers le Sud, la végétation rase des abords du Draa s'amenuise, se fait plus chétive, plus noire, jusqu'à être réduite à néant. La route suit des sortes de couloirs, des stries, des rainures. Au loin, les collines de pierres sont bleues, irréelles : des cuestas, des dunes, des glacis de sable. À certains endroits, la terre brille comme s'il y avait une gloire sous le ciel gris. Nulle part ailleurs nous ne nous sommes sentis aussi près du socle du monde, aussi proches de la dureté éternelle dont on dit qu'elle prendra un jour la forme d'un immense aérolithe de fer. Et pourtant aussi touchés par la lumière, par le soleil. Comme si nous étions des insectes collés à une gigantesque vitre, pris entre les deux plaques abrasives de la terre et du ciel.

Paysage du vent, du vide.

Pays usé dont l'eau s'est retirée un jour, laissant à nu les fonds, les anciennes plages, les chenaux, les traces de coups des vagues cognant contre les falaises.

L'eau est partout : tandis que nous roulons sur cette route rectiligne, elle apparaît dans le lointain, elle brille. De grands lacs tranquilles, légers, couleur de ciel, de longs bras transparents qui s'ouvrent devant nous et se referment après nous. C'est l'eau de nos rêves. Nous croyons voir des échassiers, ou bien des maisons, des silhouettes au bord de ces oasis.

Les légendes des Gens des nuages parlent de ces pluies (confirmées par les études géologiques) qui ravagèrent la terre il y a des milliers d'années, alors que l'homme n'était encore qu'une frêle silhouette fugitive dans ce paysage. Des pluies si violentes qu'elles arrachèrent des blocs aux montagnes, ouvrirent des vallées, et poussèrent jusqu'à la mer des rochers de silex grands comme des immeubles.

[...]

À chaque instant, sur cette terre plate, il y a du nouveau. Des plaques d'argile blanche, des coulées de sable blond, rose, gris, des cendres, des barres noires fossiles. Les rochers usés par un vent vieux de milliers d'années. Jemia s'est tue toute cette journée : c'est son pays, le pays le plus ancien, et en même temps le plus jeune, une terre que l'âge d'homme n'a pas marquée.

Gens des nuages

Aucune caravane ne s'imagine sans chameau – deux bosses et un continent, l'Asie – ou dromadaire – bosse unique et un continent, l'Afrique – ils sont à la fois moyen de transport, pourvoyeur de lait et de viande, et fournisseur de laine. Les bédouins appellent leurs dromadaires *ata Allah* (don de Dieu). Ces mammifères se sont merveilleusement adaptés à leur milieu extrême. Ainsi, ils ne possèdent pas de sabots. Leur semelle se compose de callosités faites de graisse et de tissu conjonctif, ce qui les empêche de trop s'enfoncer dans le sable. Cette couche a aussi pour vertu de stopper la chaleur et d'éviter qu'elle ne remonte dans les pattes. Ils progressent à l'amble, c'est-à-dire en avançant les jambes antérieure et postérieure, d'un même côté, simultanément. Technique qui dilapide le moins d'énergie. Toujours économes, ils ne font pas table rase de leur pâture comme de vulgaires moutons ou chèvres, ils se préservent pour les temps de chamelle maigre... Détail poétique s'il en est, leurs longs cils et les poils autour de leurs bouches participent à la pollinisation des buissons, des graminées et des arbres. En somme, traiter un être humain de chameau, serait plutôt lui faire un compliment !

DRÔLES DE NOMADES

LUCIEN REGNAULT

Des Thérapeutes[1], des Pères et un Petit Prince

Fin du IVe siècle, des anachorètes égyptiens fuient l'opulence et la foule du delta du Nil pour vivre en ascètes au désert. Chaque anachorète débutant se voit attribuer un « abba », son « père » en Dieu, version chrétienne du gourou. Dès le Ve siècle, les écrits en témoignent, on appelle l'ensemble de ces pédagogues en sainteté : « les Pères du désert ». Leurs propos sentencieux religieusement rapportés se parent du beau nom d'« Apophtegmes ».

Des ascètes juifs, contemporains du Christ, les Esséniens, s'étaient groupés aux bords de la mer Morte, menant une vie chaste et austère, tout occupée à louer et à prier Dieu. À la même époque, Philon nous fait connaître aussi l'existence, dans les faubourgs d'Alexandrie, d'une communauté de « thérapeutes », c'est-à-dire de serviteurs de Dieu, vivant à l'écart du bruit et du tracas des affaires pour se consacrer à la contemplation de la divinité. Mais nulle part ailleurs que chez les anachorètes chrétiens on ne voit une rupture aussi totale avec le monde cultivé et habité. Et ce qui est aussi tout à fait nouveau et propre au monachisme chrétien, c'est que l'exode au désert ne se fait pas pour un Dieu abstrait et

1. Ce qui signifie à l'époque : au service de Dieu.

lointain, mais pour Dieu incarné dans le Christ, dans le dessein de mieux répondre à l'amour immense que Dieu nous a témoigné en envoyant son Fils, devenu homme comme nous, souffrir et mourir pour nous sauver. Sans l'Incarnation du Christ, le départ des moines au désert n'a pas de sens, et jamais quelques individus n'auraient pu y entraîner à leur suite des milliers de chrétiens. Cette démarche insolite, cette séparation de la communauté ecclésiale aurait dû être regardée comme une désertion, une exagération, voire une aberration, et voilà qu'elle est aussitôt admirée, louée, exaltée comme le comble de la vertu et de la sainteté. Saint Athanase lui-même, le grand archevêque d'Alexandrie, qui fut l'ardent défenseur de la divinité du Christ face aux ariens, se montra également le fervent apologiste de la vie monastique. En composant et en publiant la *Vie d'Antoine,* cet éminent théologien authentifie en quelque sorte du sceau de son autorité cette innovation singulière. Il nous présente en son héros non seulement un modèle pour les moines mais un bel exemple pour tous les chrétiens et même un témoignage qui devrait toucher les païens. Et bientôt de tous côtés on se tourne vers les déserts d'Égypte, on s'y rend en pèlerinage avec la même ferveur qu'aux Lieux saints de Palestine, on colporte mille anecdotes sur les Pères du désert, on diffuse leurs paroles avec presque autant de zèle qu'on propage les Évangiles. Il y a là, de la part du peuple chrétien, non seulement une canonisation de ces saints personnages, mais comme une approbation implicite de leur vie dans ce qu'elle comportait de plus original, dans ce retrait au désert qu'ils avaient inauguré.

[...]

« Au centre du désert » : tel est le titre donné par Saint-Exupéry au chapitre de *Terre des hommes* où il raconte son accident d'avion dans le désert lybique. L'aviateur connaissait déjà au moins le désert « par sa frange », depuis son séjour à Cap-Juby, sur le littoral marocain. Mais, écrit-il, « il m'a été donné de l'aborder un jour par le cœur. » Il faillit y mourir de soif durant la longue marche qu'il dut faire avant d'être secouru par un bédouin à proximité du Ouadi Natroum, le 2 janvier 1936. À un certain moment, il crut apercevoir une croix dans le lointain. Le monastère signalé sur la carte devait être l'un des quatre monastères qui existent encore à Scété, le plus à l'Est, le Deir Baramous. Saint-Exupéry eût certainement fraternisé avec les descendants des Pères du désert qui habitent depuis quinze siècles ces lieux arides. N'a-t-il pas souvent dans ses œuvres mentionné et chanté le désert, où, dit-il, « nous sommes livrés à la discrétion de Dieu » ?

La Vie quotidienne des Pères
du désert en Égypte au IVe siècle
© Hachette, 1990

Réfugiés au désert pour y trouver solitude et renoncement, les Pères et leurs postulants furent bientôt victimes des vocations qu'ils suscitaient en grand nombre. « Avant la fin du IVe siècle, Nitrie comptait, selon Pallade, 5 000 moines et les Kellia, 600 », précise Lucien Regnault. Les plus irréductibles durent déguerpir toujours plus loin. D'autres, comme Sisoès, s'installèrent sur des sommets pour décourager les visiteurs et surtout pour couper court à toute forme d'entretien avec des visiteuses. Les Apophtegmes en racontent de belles à ce sujet. Dans le respect

ou dans le mépris des femmes, cela dépend de l'activité ou de la somnolence des démons de la chair... Un jour, un frère croise sur son chemin des moniales. Par stratégie de lutte contre les tentations, il s'écarte si ostensiblement de sa trajectoire qu'une moniale l'apostrophe : « Si tu étais un moine parfait, tu ne te serais pas aperçu que nous sommes des femmes ! »
L'apophtegme ne dit pas si les moniales furent troublées par l'anachorète en question. À l'image de certains de ses frères, logeait-il de la vermine dans sa barbe qu'il ne taillait jamais ? Pour être juste, rencontrer une femme constituait un choc quand on avait passé quarante ans, et peut-être plus, sans en croiser le regard, comme il arriva à saint Jean de Lycopolis... Ce qui ne l'empêcha pas de rendre la vue à une femme. Longin, pour en guérir une autre se plaignant d'une tumeur au sein, brava tout interdit pour palper et rendre à la santé l'organe malade. Il est vrai que dans ces deux apophtegmes, on fait écho de miracles...

EUGÈNE FROMENTIN

Et moi aussi je suis peintre!

Quand un sédentaire invétéré se mêle par trois fois de voyager en Algérie, ce n'est pas le goût de l'aventure qui le pousse. Il rechignerait plutôt : « C'est absurde de voyager quand on laisse tout son cœur derrière soi. » Le désir de devenir peintre balaie sa pusillanimité. Ébloui par la baie d'Alger en mars 1846, il ne sait que dire : « Mon Dieu, si cela me faisait peintre. »

C'est aussi l'heure, je l'avais remarqué dès le jour de mon arrivée, où le désert se transforme en une plaine obscure. Le soleil, suspendu à son centre, l'inscrit dans un cercle de lumière dont les rayons égaux le frappent en plein, dans tous les sens et partout à la fois. Ce n'est plus ni de la clarté, ni de l'ombre; la perspective indiquée par les couleurs fuyantes cesse à peu près de mesurer les distances; tout se couvre d'un ton brun, prolongé sans rayure, sans mélange; ce sont quinze ou vingt lieues d'un pays uniforme et plat comme un plancher. Il semble que le plus petit objet saillant y devrait apparaître, pourtant on n'y découvre rien; même, on ne saurait plus dire où il y a du sable, de la terre, ou des parties pierreuses, et l'immobilité de cette mer solide devient alors plus frappante que jamais. On se demande, en le voyant commencer à ses pieds, puis s'étendre, s'enfoncer vers le sud, vers l'est, vers l'ouest, sans route tracée, sans inflexion, quel peut être ce pays silencieux, revêtu d'un ton douteux qui semble la couleur du vide ; d'où personne ne vient, où personne ne s'en va, et qui se termine par une raie si droite et si nette sur le ciel. L'ignorât-on, on sent qu'il ne finit pas là et que ce n'est, pour ainsi dire, que l'entrée de la haute mer.

[...]

On a beau regarder tout autour de soi, près ou loin, on ne distingue rien qui bouge. Quelquefois, par hasard, un petit convoi de chameaux chargés apparaît, comme une file de points noirâtres, montant avec lenteur les pentes sablonneuses ; on l'aperçoit seulement quand il aborde au pied des collines. Ce sont des voyageurs ; qui sont-ils ? d'où viennent-ils ? Ils ont traversé, sans qu'on les ait vus, tout l'horizon que j'ai sous les yeux. Ou bien, c'est une trombe de sable qui tout à coup se détache du sol comme une mince fumée, s'élève en spirale, parcourt un certain espace, inclinée sous le vent, puis s'évapore au bout de quelques secondes.

La journée est lente à s'écouler ; elle finit, comme elle a commencé, par des demi-rougeurs, un ciel ambré, des fonds qui se colorent, de longues flammes obliques qui vont empourprer à leur tour les montagnes, les sables, les rochers de l'est ; l'ombre s'empare du côté du pays que la chaleur a fatigué pendant l'autre moitié du jour ; tout semble un peu soulagé.

Un été dans le Sahara

L'écrivain dépeint le désert immergé dans la dure lumière du mitan du jour. Peaufine-t-il sa palette ou devient-il écrivain ? Théophile Gautier a célébré l'un des deux tableaux qu'il a exposés, quatre ans auparavant, au

Salon de 1849 : *Le passage à gué de l'Oued-Biraz dans le Sahara.* «… Tout cela marche, à pied, à cheval, à chameau, dans l'eau ou sur la terre, avec une vie, une activité à faire illusion. On a peur en retournant voir le tableau, de n'y plus retrouver personne, tant la caravane marche d'un bon pas et s'en va bien.» Fromentin renoue alors avec la veine des peintres orientalistes «aiguillonnés» par l'expédition d'Égypte menée par le Premier Consul. Bien avant que ne débarquent en Algérie les troupes du général Bugeaud, des soldats français et les nombreux savants qui les accompagnaient abordèrent le Sahara par le Nil. Eugène Fromentin, le pantouflard, est le véritable pionnier artistique du Sud-Algérois. Il y croise les traces d'une terrible conquête quand il arrive à El Aghouat dans la foulée de sa reprise sanglante par les troupes du général Pélissier. Respectueux, le peintre souvent admiratif de ce peuple qu'il découvre, certifie «qu'il faut (le) regarder à la distance où il lui convient de se montrer : les hommes de près, les femmes de loin; la chambre à coucher et la mosquée, jamais».

ISABELLE EBERHARDT

Si Mahmoud

Dans une lettre écrite durant l'été 1897, Isabelle Eberhardt confie son désir d'embrasser l'Islam. Celle qui a pris l'habitude de s'habiller en homme pour voyager incognito et monter à l'aise à cheval, garde son libre arbitre : « ... Je ne me crois nullement obligée pour être Musulmane de revêtir une gandourah et de rester cloîtrée. Ces mesures ont été imposées aux Musulmanes pour... les conserver dans la pureté. Ainsi, il suffit de pratiquer cette pureté et l'action n'en sera que plus méritoire, parce que libre et non imposée. »

Monté sur son cheval saharien, marchant au pas, très loin devant ses guides, il gravissait une colline nue et pelée, dans l'immensité vide du désert africain. Derrière lui, les solitudes salées et inhospitalières de l'*oued* Rir' ; devant lui, les petites murailles en terre rougeâtre, enchevêtrées, les dattiers ombreux et légers d'El-Moggar, l'oasis où il devait passer la journée, après toute une nuit de marche. Vers sa gauche, au-dessus du lac desséché par la fournaise de l'été saharien, le soleil se levait.

Le *chott* s'étendait à perte de vue, route solide et sûre pendant l'été, que traversent sans cesse les longues *quafila* de chameaux, où galopent les rapides *méhara* des Chaamba – abîme de boue et de fange dès les premières pluies hivernales – route meurtrière pour l'imprudent qui s'y aventurerait.

« Le Grand *Chott* l'a bu », lui avait dit un guide Chaambi, en lui parlant de son frère. Et, avec un frisson d'angoisse, il se souvint de cette phrase dite dans une nuit funèbre de tempête et de détresse, au milieu même des solitudes maudites de ce grand *chott* Melghir, perfide et homicide.

[...]

Sur le fond gris rougeâtre du *chott* d'une platitude absolue, seules des efflorescences laiteuses de sel cristallisé se montraient, tristes poussées qui répandaient d'âpres et nauséeuses senteurs marines, effluves de fièvre et de mort.

Et le *chott,* ennemi de la vie, souriait pourtant de toutes ces blancheurs comme aucune aurore n'avait souri...

[...]

Autour de lui, l'immensité moutonnante des grandes dunes de l'Ouady-Souf, les mêmes dos de bêtes monstrueuses, d'un beige décoloré par trop de lumière à l'infini, singulier océan figé en pleine tempête, solidifié, et dont seule la surface, participant de la vie des vents, coule sans cesse dans le silence des siècles monotones. Parfois, de petites vallées. Là, sur le sable tout blanc, d'une finesse presque impalpable, des arbustes rabougris, comme rampants, sèment une étrange glanure de rameaux morts, d'un noir d'ébène. Puis, de loin en loin, bornes milliaires de cette route mouvante du Souf, les *gmira* grises, petites pyramides de pierre bâties sur la crête des grandes dunes, pour indiquer la route à suivre.

Dans le ciel sans un nuage, d'une infinie transparence azurée, le soleil à son déclin s'abaissait vers l'horizon, et l'on voyait encore, dans l'immensité rosée des sables, poindre les maisons grises et les dattiers sombres de Ksar-Kouïnine.

... Soudain, d'un brusque effort, d'un galop haletant, son cheval atteignit le sommet de la grande dune qui sépare Kouïnine d'Eloued.

Devant ses yeux émerveillés, il vit passer alors un spectacle unique, inoubliable, une vision du vieil Orient fabuleux.

Au milieu d'une plaine immense, d'un blanc qui passait au mauve, une grande ville blanche se dressait parmi les végétations obscures des jardins. Et la ville immaculée, au sein de cette plaine achromatique, semblait immatérielle et translucide, dans l'immensité fluidique de la terre et du ciel. Sans un toit gris, sans une cheminée fumeuse, Eloued lui apparut pour la première fois, telle une ville enchantée des siècles envolés de l'Islam primitif, comme une perle laiteuse, enchâssée dans cet écrin de satin vaguement nacré qu'était le désert...

Écrits sur le sable (Tome II)
(nouvelles et roman)

Dès sa mystérieuse naissance, le futur Si Mahmoud, comme elle se baptisera d'autorité – ce nom figure en arabe sur sa tombe au-dessus de son identité complète, Isabelle Eberhardt, épouse de Ehnni Slimène – est vouée à toutes les aventures, mêlant corps et esprit, avec une volonté insatiable capable de déjouer la maladie, l'angoisse, la pauvreté, une tentative d'assassinat, l'expulsion d'Algérie... Seul le désert était de taille à la noyer dans un oued en crue... À la charnière des XIXe et XXe siècle, la jeune femme – elle mourra à 27 ans – choisit l'Orient et ses indigènes pour les convertir en héros dans ses écrits. Seuls les marginaux occidentaux trouveront grâce à ses yeux... La superbe colonisatrice n'a pas de place chez un être dont la quête est marquée par la devise : « Trois choses peuvent ouvrir nos yeux à l'éclatante aurore de vérité : la Douleur, la Foi, l'Amour – tout l'Amour. » Lyautey qui la considérait avec amitié a écrit d'elle : « ... Elle était ce qui m'attirait le plus au monde "une réfractaire" et trouver quelqu'un qui est vraiment soi, qui est hors de tout préjugé, hors de toute inféodation, de tout cliché, et qui passe à travers la vie aussi libérée qu'un oiseau dans l'espace, quel régal ! » Russe d'origine, née à Genève, elle devint française en épousant justement un de ces indigènes...

SALAH STÉTIÉ

Rien et son contraire

La nature a horreur du vide. Peut-être chaque être humain naît-il avec un patrimoine génétique universel : la quête de l'impossible harmonie des contraires. À commencer par celle de la vie et de la mort. Salah Stétié, né en 1929, libanais d'origine, ambassadeur de son pays et fin lettré fait le lien par le désir. Appétence d'une culture universelle irriguée par l'Orient et l'Occident…

Le thème, par quoi est inauguré la *qacida*, le poème des premiers temps que j'évoque ici, est quasiment un thème obligé qu'on retrouvera d'un poète à l'autre. De quoi s'agit-il ? Le narrateur – cette poésie dit toujours « je » – le voici qui, aède et voyageur solitaire ou suivi de compagnons, s'arrête en plein désert devant les vestiges d'un campement : il y a là les traces, cendres ou pierres, d'une présence qui fut en ces mêmes lieux couleur et vie avant de s'évanouir à l'horizon au pas de la caravane disparue, les traces elles-mêmes n'étant le plus souvent que des vestiges en voie d'abolition. Et c'est là que brusquement l'équation, la redoutable et redoutée équation, s'inverse : du fond de l'absence, ce qui soudain va surgir en parousie advenue, en épiphanie sollicitée et miraculeusement produite par l'arbitrage du désir intensificateur, c'est la figure de l'aimée, qui fut l'hôte de ce campement et qui, bien que partie, reparaît chargée de tous les attributs de la présence. Attributs rien que rêvés, dira-t-on. Mais le rêve de la présence est pour la poésie présence plus essentielle et plus convaincante que la présence, si pauvre et si démuni soit-il concrètement. J'ai cité Mallarmé : la très illustre « absente de tout bouquet », dira-t-on que c'est la rose ? : elle est, elle ne peut être, bien évidemment, que cette rose dont la nature absolue hante le langage de tous les poètes ontologiques et l'obsède. Elle finit, d'être si fortement imaginée, par en devenir imaginaire, c'est-à-dire qu'elle nous propose sa perfection, et, de n'être que verbale, ne la voit-on pas acquérir une qualité de persuasion plus grande, à la mesure de la conviction que le porteur de parole place en elle ? De quoi il résulte que cette présente/absente n'étant garantie que par le verbe qui nous l'amène et qui en nous la suscite, il est impératif pour ce verbe, s'il veut se faire chair de la rose ou de l'aimée, d'agrandir son pouvoir en projetant le plus loin possible ses limites et en exigeant de celles-ci de cesser d'opérer comme des limitations. On voit par là l'ampleur que peut revêtir toute dialectique du désert et du désir : peut-être même celle-ci se trouve-t-elle à la racine de toute création spirituelle, quelle que soit sa nature. Je voudrais, pour souligner la prégnance exceptionnelle du désir stimulé par la privation, rappeler l'épisode de Mejnoûn, le fou d'amour, séparé de Leyla et à qui, finalement, par compassion, on ménage une rencontre avec la bien-aimée refusée et perdue. Elle parle. Elle essaie de le consoler, de le ramener à terre, peut-être à elle. « Tais-toi donc, lui dit-il, égaré par l'intensité de son désir, tu me distrais de l'amour de Leyla. »

Réfraction du désert et du désir

Salah Stétié cite René Char : « Le poème est l'amour réalisé du désir demeuré désir ». Affirmation qui s'épanouit au désert où tout est sempiternel recommencement de l'absence. Dans la poésie arabe, ce désir tendu et inassouvi crée de merveilleux mirages. Ainsi, le corps de l'aimée devient géographie d'une invraisemblable oasis qui ralentit tout juste l'arrivée de la mort :

Elle te laisse voir quand seul à seul
tu l'approches... /
deux bras pareils au col
d'une chamelonne toute blanche
jouvencelle racée qui n'a jamais conçu/
un sein plus moëlleux que bure d'ivoire
préservé des mains des toucheurs
et ces reins tendres longs et vivaces
et ces rondeurs que leur voisinage alourdit/
et ces hauts de cuisses à resserrer la porte
et cette taille qui affole ma folie/
et ces deux piliers d'ivoire et de marbre
sonnant du cliquetis des bijoux
Détresse comme la mienne n'éprouvèrent
ni la mère d'un faon perdu, qui sans trêve gémit/
ni la vieille chenue à qui le mauvais sort
de neuf enfants n'a laissé que des larves /...
Quelle nostalgie n'eus-je pas d'elle
en ce crépuscule
où je la vis emportée par la caravane /
et que m'apparut le pays de Yamâma
comme un brandissement de sabres
qu'on dégaine /....

'Amr Ibn Kalthûm

DINO BUZZATI

Un doigt de cognac

Publiés après sa mort en 1972, Dino Buzzati, dans Mes déserts, *joue à cache-cache avec lui-même en rebrossant ou occultant l'intimité de sa vie de créateur. Yves Panafieu, son interlocuteur, le piste, tente de le débusquer… Impossible, depuis toujours, il est ailleurs, puisque, aussi bien : « L'homme n'est jamais égal au temps. »*

D.B. Oui. Pour moi les paysages du désert sont la chose la plus belle au monde. Plus belle encore que les montagnes, du moins comme puissance spirituelle. [...]

Un sentiment – ainsi que je le disais à propos de la montagne – d'extrême intimité, car dans ces immenses étendues, où un homme se sent si seul, n'importe quelle anfractuosité, n'importe quel accident de relief acquièrent une signification et une expression extraordinaires… Pour quelles raisons, encore ?… Tu sais, ce sont là les grandes choses qui, si je les avais comprises, auraient fait de moi un grand écrivain. Personne n'est jamais parvenu à les exprimer. Du reste il en est de même pour la montagne, même si on en a parlé un peu plus… Selon moi, ce qui fait surtout impression dans le désert, c'est le sentiment de l'attente. On a la sensation que quelque chose doit arriver, d'un moment à l'autre. Vraiment. Là, jailli des choses que l'on voit.

[...] Supposons : dans le désert il y a un petit cône d'une hauteur de cinquante centimètres; eh bien, sais-tu ce qui arrive ?... Il acquiert la puissance d'une haute montagne.

[...] Comme il n'existe rien d'autre, à perte de vue, sur cette immense étendue plate, n'importe quel relief acquiert des dimensions insolites... Si demain, dans un immense salon, il y a cent personnes, cela ne fait aucun effet, mais s'il est vide et si un petit enfant y pénètre, cela fait une forte impression...

[...] Car le désert est une espèce de drogue. Il n'y a absolument pas l'ombre d'un doute. Pour nous, c'est une drogue. Surtout pour quelqu'un qui y reste peu de temps. Si on y reste des années et des années, ce sera différent... Cette drogue s'estompera. Cependant il en restera toujours un peu. Je t'en donne une preuve : dans un désert je me rappelle avoir bu un soir une goutte de cognac. Une chose qui normalement ne te donne même pas une sensation de chaleur... Nous étions trois, ou plutôt quatre amis. Sais-tu que tous les quatre nous sommes entrés dans un état de délire merveilleux ? Mais ce n'était pas parce que nous étions ivres... C'était un délice mental... Ce fut une chose vraiment magnifique. Et qu'est-ce que ça veut dire, ça ? ça veut dire qu'il y avait dans l'atmosphère, dans la situation, un je ne sais quoi... Il y avait une charge... Une drogue, en somme.

Mes déserts,
Entretiens avec Yves Panafieu
D.R.

Journaliste pour le *Corriere della Sera*, Dino Buzzati se retrouve en 1934 dans le désert de Libye avant d'aborder, en 1939, les sables d'Éthiopie. Il y commente pour ses lecteurs la chute de l'empire abyssin. On a pu le voir à cheval, en uniforme escorté de son ordonnance, suivre des cavaliers indigènes sous commandement italien. À bride abattue, ils partaient en découdre avec ceux qu'on appelait alors des rebelles. Il poussera plus loin ses chevauchées pour se prendre aux mirages du rêve et de la réalité. Une citadelle de mots y monte la garde. Elle se nomme Fort Bastiani. Autour, s'allonge à en désespérer, le désert des Tartares.

JOSEPH KESSEL

SOS Dépannage

L'aviateur Joseph Kessel était aux premières loges pour partager les débuts de la mythique Aéropostale. Les premiers relais de Toulouse, Casablanca, Dakar, balisaient une aventure où talent, jeunesse, expérience et audace pouvaient se donner libre cours aux risques et périls de « baroudeurs » impénitents, fussent-ils écrivains ou poètes…

Antoine de Saint-Exupéry […], un des plus jeunes et des plus savants pilotes de l'Aéropostale, d'une culture étendue et raffinée, avait été nommé chef d'aéroplace au cap Juby.

[…]

Très vite, il s'était fait au désert. Vêtu d'une éternelle robe de chambre qui avait fini par ressembler à une gandourah, ayant laissé pousser sa barbe, brûlé par le soleil, il ressemblait si bien aux Maures que lorsqu'il allait rendre visite aux nomades qui venaient planter leur tente au pied du fort Juby, ceux-ci, au premier abord, le prenaient pour un des leurs. […]

[…]

Un dépannage le rendit célèbre sur toute la ligne Casa-Dakar, aussi bien que chez les Maures. Un avion avait dû se poser à trente-cinq kilomètres du fort Juby. Le coéquipier avait réussi à ramener son compagnon de vol. Mais l'appareil restait et Saint-Exupéry résolut de le ramener.

L'insécurité de la région était complète. Il fallait, à travers un pays souvent impraticable et infesté de rezzous, amener un matériel de réparation et de rechange important. Saint-Exupéry se risqua tout de même. Il forma et équipa en deux jours une expédition composée de six Maures armés à cheval, de neuf manœuvres et chameliers à pied. Il fit charger sur deux ânes les vivres et l'eau, attacha deux chameaux à un chariot monté sur des roues d'avion et qui emportait un moteur et toutes les pièces nécessaires à la réparation – utilisant ainsi pour la première fois dans ces régions le chameau comme animal de trait. Puis, avec le mécanicien Marchal, il prit la tête de cette caravane.

[...]

Il fit monter le moteur nouveau et, en même temps, fit construire, en face de l'avion, une route de décollage de huit mètres de large et de quatre-vingt-dix mètres de long, terminée par un tremplin. [...] Au milieu de la seconde nuit, après plusieurs alertes avec coups de fusil, des messagers, arrivant au galop, signalèrent qu'un rezzou d'Ait-Toussa venait sur les dépanneurs. Or cette tribu guerrière avait tué récemment douze Izarguine – fraction à laquelle appartenaient les Maures de Saint-Exupéry.

Aussitôt la panique se déchaîna parmi eux et ils entraînèrent leur chef vers Juby, sans lui laisser le temps de rien emporter.

Ce ne fut qu'au bout de quinze kilomètres de marche que Saint Exupéry réussit à ressaisir sa troupe affolée et, en blessant ses Maures dans leur amour-propre, à les ramener auprès de l'appareil.

[...]

À midi, une fraction nomade parut, menaçante. Les balles sifflèrent. Saint-Exupéry réussit en même temps à mettre les pillards en fuite et à faire travailler sous le feu les manœuvres qui, d'abord, s'étaient jetés à plat ventre.

À six heures du soir, le moteur était monté, la route prête. Saint-Exupéry et le mécanicien montèrent dans l'avion arraché aux sables, rendu à l'espace, et s'envolèrent vers Juby.

Vent de sable

Kessel s'engage à dix-huit ans pour aller faire la Grande Guerre dans l'aviation. Cette expérience est à la source de son roman *L'Équipage*. Selon le critique Henri Clouard, il est le pionnier de la littérature de l'avion. Dans *Vent de sable*, il dresse un portrait admiratif d'un *collègue* dont l'image est indissociable des ailes d'incroyables coucous et des sables du Sahara. Kessel, aviateur plus chanceux que St-Ex pendant la Seconde Guerre mondiale, achèvera le combat sous les couleurs de la France Libre. Un soir, quelque part dans le bled, autour d'un verre à thé, Serre, pilote de l'Aéropostale, prisonnier un temps des Maures de la tribu des R'guibat, conte à Kessel l'histoire d'un esclave qui dut son salut à St-Ex.
« ... L'un deux (un Maure) possédait un grand nègre famélique qu'il envoyait travailler comme manœuvre dans notre hangar et dont il touchait le salaire. Il le battait comme une bête de somme. Or, fait exceptionnel dans cette région, le nègre parlait un peu français. Saint-Exupéry, qui, alors, dirigeait l'aéroplane, l'interrogea. Après bien des hésitations, abruti par la faim et par la crainte, l'esclave noir raconta qu'il était sénégalais, avait servi

comme tirailleur dans le Sud marocain et que là, il avait été enlevé par une bande de pillards. Il avait été vendu et revendu pendant trois ans. De main en main, de tribu en tribu, il avait franchi le Sahara et avait échoué chez un Maure des environs de Juby. Tout en parlant, il fixait sur Saint-Exupéry des yeux humides, pleins d'angoisse et de supplication comme un animal perdu. Saint-Exupéry décida de le renvoyer en territoire français, mais pour cela il lui fallut le racheter à son propriétaire. Sans cela, tous les Maures se fussent estimés lésés et le colonel de la Pena, qui tremble devant eux, ne l'eût point admis. »

ANNEMARIE SCHWARZENBACH

Ange inconsolable

Célébrée ainsi dans la dédicace qu'écrivit à son intention Roger Martin du Gard, Annemarie Schwarzenbach a juste promené « sur cette terre » pendant trente-quatre années « son beau visage d'ange inconsolable ». Partie en 1939 pour l'Afghanistan avec Ella Maillart, à bord d'une Ford Cabriolet, elle traverse l'Iran et s'éprend de ce pays.

À Abala, les mulets nous attendaient. Il était huit heures du matin quand le soleil franchit le col et descendit à notre rencontre. Derrière nous s'étendait la route qui traverse d'abord la morne plaine désertique de Téhéran, puis un océan immobile de collines, montant et descendant ces dunes jaunes jusqu'en haut du col d'où elle plonge brutalement, décrivant d'effrayants virages, dans la vallée encaissée de Rudahend. Deux heures de voiture, mais maintenant tout était très loin, tout s'évanouissait. Devant nous, une aube nouvelle !

[...]

Ensuite commença la montée vers le col. Je vis Claude passer devant, son casque colonial baissé sur la nuque. Les mulets plantaient patiemment leurs petits sabots dans les éboulis. Le col était très élevé. En haut, il y avait du vent, et les nuages filaient à toute vitesse ; ils se dissipaient au-dessus de la plaine lointaine, et on ne voyait rien qu'une immensité de ciel et de terre désolée qui s'embrassaient à s'étouffer. Nous nous retournâmes : de l'autre côté d'une gorge s'étendait l'une de ces extraordinaires montagnes formées de sable, et seulement de sable, avec des versants escarpés, larges, sans cesse ruisselants, semblables à des pentes neigeuses. À tout instant, une plaque pourrait se détacher et être précipitée dans la vallée, ou l'inquiétant ruissellement se transformer en véritable avalanche. Mais le sable est couronné par une paroi rocheuse, argentée et immobile sous le ciel bleu.

Du col nous descendîmes dans la vallée, qui ressemblait presque à un précipice entre deux montagnes. En bas il n'y avait rien, c'était une vallée morte, à l'écart du monde, très loin des plantes et des arbres, rien que des pierres, et une fournaise qui envahissait tout. Des vipères grises, des lézards gris, sans vie, légèrement enroulés sur eux-mêmes ; seuls leurs yeux étaient vivants, petites têtes d'épingles noires, avec une langue toute fine...

Même dans les vallées mortes, il y a par endroits une source. Ce que nous trouvâmes, ce fut un trou rond, un plan d'eau tout plat, à peine agité par le mince écoulement de l'eau dans le sable, comme le battement de cœur d'un oiseau.

Nous bûmes en prenant appui sur nos mains. À côté de nous, les mulets dormaient à moitié, debout, et sur la pente rocailleuse les moutons attendaient, en rond, leurs têtes baissées tournées toutes vers l'intérieur, cherchant leur propre ombre. Ils attendaient la fin du jour.

Comme dans un rêve, nous commençâmes l'ascension du deuxième col. Maintenant, même les caravaniers ne chantaient plus, bien que leur chant ressemble étonnamment au pas somnolent des mulets dans la brise de midi.

Nous avons largement dépassé la zone de végétation. Au-dessus de nous, des pics rocheux s'élancent vers le ciel comme les rochers de la côte dans la mer. Et tout à coup, nous voyons des chameaux, tels des animaux fabuleux, longer les étroites bandes d'herbe, étirant tous le cou de façon étrangement parallèle. Ils arrachent l'herbe en mesure et relèvent leur long cou en cadence. Ils s'arrêtent et sont si grands et si menaçants au-dessus de nous que nous craignons qu'ils ne nous écrasent en tombant du ciel. Mais ils redescendent de leur allure dégingandée, leurs bosses toutes chancelantes, et nous nous rejoignons juste au niveau du col. Alors, telle une vision magique, surgit derrière eux le cône du Demavend.

La Mort en Perse,
traduit de l'allemand (Suisse)
et présenté par Dominique Miermont
Petite Bibliothèque Payot/Voyageurs

Vie de comète précipitée par la tentation et l'urgence de la mort, tempérament spontané d'héroïne qui perce sous le personnage de Christina dans l'œuvre d'Ella Maillart *La Voie cruelle*, intégration en soi de l'approche du désert comme préfiguration du grand passage, Annemarie Schwarzenbach était un être d'exception. À la fois inscrite dans l'histoire – face-à-face avec le nazisme, dérive aux côtés des enfants Mann, amicale avec Klaus et amoureuse avec Erika, voyages d'aventurière dans de lointains pays – en prise aussi sur l'au-delà de la lecture d'un paysage, d'une rencontre, d'une émotion, elle s'applique à son corps défendant à traverser les apparences, traquer l'impossible, fût-ce au prix de la morphine, de passions féminines, d'un suicide raté. Le vertige de la liberté a goût de néant. Cette « Vallée heureuse » où elle vient de passer l'été trop chaud à vivre à Téhéran, la coince dans un cul-de-sac mental. « … J'ai remonté dans quelques-uns de mes souvenirs mais jamais suffisamment loin pour retrouver le commencement. Non, personne ne m'a conduite ici, ce n'est la faute de personne. Mais ce qui est clair et ne souffre aucun malentendu, c'est que le chemin du retour est barré, car devant lui se dresse le corps gigantesque du Demavend… » La fin d'Annemarie ressemble à un pied-de-nez du destin : elle mourra des suites d'une chute de bicyclette…

ALAIN SÈBE

Trinquer à l'infini

« Noyé » de désert, la sensation est exacte tant l'obsession de l'eau à posséder, à chercher, à savoir où la trouver, est au cœur de chaque instant. Alain Sèbe émerge ainsi en plein Sahara : « Et puis un jour, on refait surface. Comme un sous-marin. La civilisation a disparu : c'est le bonheur. Les yeux fixés sur le soleil qui s'éteint, on se laisse traverser par le silence. »

De gré ou de force, le Sahara enseigne la mesure... Alors, modestement, *Issoulane* témoigne de 270° de cercle tassilien, explorés en quittant Amguid par l'Ouest. Issoulane signifie : terrains rocheux, plats, unis, plus élevés que les alentours.

Dans un voyage, le temps et l'espace sont inégaux. L'un commence par les itinéraires et se poursuit par les souvenirs. L'autre fait l'objet d'estimations, de prévisions, d'intentions précises : pas question de s'embarquer à la légère... et puis, sur place, comme on repose un livre de cuisine pour interpréter une recette, j'abandonne et vais où me pousse l'inspiration !...

Cette connivence avec l'immensité, je la retrouve à chaque retour. N'est-ce pas cela d'abord que je viens chercher ? Comment expliquer autrement le bonheur, la volupté béate de penser : « ça y est ! J'y suis ! » ?

Les mots s'imposent d'un coup, comme ça, un soir

dans le Gassi Touil... Je savoure l'instant, plus par réflexion encore, qu'intuitivement. Mais je sais qu'avant qu'il ne s'efface, j'aurai oublié ce qu'il en coûte de le vouloir... Les yeux fixés sur le soleil qui s'éteint, je me laisse traverser par le silence retrouvé. Mes doigts jouent instinctivement avec le sable encore tiède. Je passe de la réalité au rêve, sereinement, facilement. Seul dans la nuit, je me sens homme. Libre, quoi !

J'ai renoué avec la vie nomade, avec la « poursuite » à la manière des pèlerins d'autrefois. Ici, n'est contrainte que ce qui est vital. Le reste est plaisir et suffit à combler une journée rythmée par la lumière. Tonique le matin, elle sabre à midi, et se calme à l'heure rousse, comme pour respirer, avant le feu d'artifice des étoiles.

Alors, enfoui dans la nuit paisible, j'oublie l'obsession du remplissage, de la saturation...

(il écrit sur son journal de bord)

« 30 janvier 1984. L'aube ne tardera plus. Le dernier croissant de lune sort de l'horizon... complètement réveillés, nous regardons en silence. Étonnés, émerveillés, conscients d'être seuls au monde à profiter d'un pareil spectacle... »... C'est vrai, on ne va pas au Sahara sans ressentir un trouble... Le duo avec une nature où se réalisent aussi totalement l'espace, l'immensité, l'infini, a quelque chose qui dépasse la raison. Quelque chose qui interpelle et qu'on croit capable de transcender l'humain.

Que le Sahara illumine des de Foucauld, inspire des Psychari, c'est l'évidence. Mais son prosélytisme n'est pas seulement mystique. Il n'est pas non plus exclusif ; et la sensibilisation à l'élévation du désert ne signifie pas l'adhésion unique à un système unique de pensée, de références ou de morale... l'ascèse n'est pas indispensable... et je ne vois pas de raison de mépriser un gin-citron une fois l'*eseber*[1] *monté.*

Issoulane, « le Sahara des tassilis »
collection « Tagoulmoust »
© Alain Sèbe éditeur, 1987

Les récits légendaires courent de campement en campement. L'art du conte joue sur plusieurs veines : apprentissage de la vie au désert, effroi et crainte des génies – djin (mâle) /djenniya (femelle) –, mirage de l'abondance, amour, prouesses... Ainsi, il était une fois un petit garçon qui s'était joint à la caravane de son père. Ils s'apprêtaient à traverser le Ténéré pour gagner le Soudan. Trois semaines d'itinérance. Juste avant de fouler le sable du désert, la caravane rencontre un groupe de gazelles paissant près d'un bouquet d'éthels. Les hommes, chasseurs invétérés, ajustent et tuent nombre de graciles bêtes. « Arrête, ne tire plus, il y a une ghazia ! ». C'est-à-dire une gazelle gravide. On boucane la viande pour la garder. On vérifie que les vingt *guerbas*[2] sont bien pleines d'eau. On s'endort. L'enfant est bientôt réveillé par une lueur, la ghazia vient le visiter. Nul doute, c'est une djenniya. Elle prédit que la traversée sera dure. Ils auront beaucoup à manger mais peu à boire. L'eau, au Ténéré, est réservée aux animaux invisibles.
Avant de le quitter, elle lui remet une émeraude à utiliser pour l'appeler. Au matin, inexplicablement les guerbas sont vides. Au bout de trois jours, quelques hommes épui-

1. Natte d'afesou utilisée autrefois comme protection contre le vent. Par extension, abri de toile utilisé comme paravent.
2. Outre en peau de chèvre.

sés agonisent... L'enfant saisit l'émeraude. Elle apparaît au milieu de cercles de traces de scarabées, lézards, vipères à cornes. Les animaux gardent un couvercle. La djenniya invite l'enfant à le soulever. L'eau est là. Des djenouns remplissent les guerbas. L'enfant voit alors clairement les cornes de la gazelle s'éloigner, monter jusqu'au ciel où les Touaregs appellent Ihenkad (gazelle) la constellation du Lièvre.

LAURENS VAN DER POST

Bonjour, j'étais mort...

Laurens van der Post naquit près du Grand Fleuve qui cerne, au nord, le désert du Kalahari, et fut fasciné très tôt par l'évocation de ce peuple presque disparu : les Boschimans d'Afrique. Fascination nourrie par les récits d'un grand-père et d'une tante, le soir auprès du feu, qui décrivaient le corps merveilleusement programmé de ces petits hommes, ni nains ni pygmées, juste haut de cent cinquante centimètres...

Comme nos réserves de temps s'épuisaient rapidement, nous ne pouvions plus envisager l'arc de cercle décrit à loisir autour du désert central que j'avais prévu à l'origine. Il nous fallait mettre le cap droit sur la région la plus propice. En réunissant toute notre expérience, nous arrivâmes à conclure que le mieux était, selon l'expression de Vyan, de « lancer un coup de pointe » directement dans le cœur du désert circonscrit par ce qui a dû être autrefois deux cours d'eau puissants : la Bhouitsivango et l'Okoua. L'un et l'autre étaient toujours à sec, mais je me rappelais parfaitement avoir découvert des abris de Boschimans dans l'un des méandres du premier, un été, juste après le début des pluies. Tapis entre de hautes berges sableuses et abandonnées depuis peu, ils étaient si bien construits qu'ils faisaient songer à un refuge permanent lors des saisons arides et éprouvantes du désert. De plus, Ben disait que sa mémoire était constamment aiguillonnée par le souvenir d'une petite collectivité boschimane pure groupée autour de quelques *sip-wells*[1] que son père et lui avaient découverte tout à fait par hasard dans cette même région, lors d'une traversée téméraire et presque désastreuse du désert. Malgré son tout jeune âge à l'époque, il n'avait jamais oublié l'itinéraire suivi depuis Gemsbok Pan et avait l'impression qu'il pourrait le retrouver.

J'avais déjà eu maintes fois l'occasion de constater à quel point les impressions impondérables de Ben à propos du Kalahari s'avéraient précises dans la pratique. Cela et son allusion aux *sip-wells* me décidèrent. Nous étions tous convaincus, en effet, que le genre de collectivité que nous recherchions ne pouvait subsister sans la possession de quelque source d'eau secrète et permanente. Or, toutes celles qui s'étalent en surface ont depuis longtemps été volées au Boschiman par les races envahisseuses et les seules qui lui restent sont cachées sous les sables profonds du désert central. Leur emplacement est un secret qu'il ne partage qu'avec les siens et pendant tous mes voyages au cours de tant d'années, je n'en avais jamais trouvé. J'aurais même volontiers relégué leur existence dans le domaine des chimères si Ben ne s'était porté garant de sa réalité. En outre, un des vieux pionniers de Ghanzis m'avait autrefois raconté en détail comment il avait été sauvé, perdu et mourant de soif, par une Boschimane qui, après l'avoir traîné jusqu'à un endroit où elle avait aspiré de l'eau dans une

1. Point où la nappe phréatique, généralement située très profond dans cette région, ne se trouve qu'à deux ou trois mètres du sol. Les indigènes y puisent alors de l'eau en l'aspirant dans des tiges creuses.

baguette creuse enfoncée dans le sable brûlant, lui avait recraché le liquide directement dans la bouche.

[...]

Enfin, vers les trois heures d'un après-midi brûlant comme un four, une confirmation éclatante vint nous réjouir le cœur. Dabé qui avait couru en avant pour explorer un passage difficile dans la brousse nous appela soudain : quelques petites empreintes humaines se creusaient dans le sable. On eût dit des reproductions de celles que j'avais vues dans la glaise au pied du grand arbre des tempêtes, des années auparavant. Une fois encore, il me sembla entendre la voix du vieux serviteur basouto de mon enfance déclarer nettement « L'empreinte de son pas, petit Maître, ne ressemble à celle d'aucun autre homme et quand tu la vois, tu la reconnais aussitôt. »

Le Monde perdu du Kalahari

Laurens van der Post, héritier des pionniers débarqués en 1652 au cap de Bonne-Espérance, se révolte très jeune contre le sort fait aux premiers habitants de son pays. Surtout contre le traitement infligé aux enfants très recherchés comme esclaves tant ils étaient vifs et intelligents. Sa quête des survivants de ce peuple devenu presque mythique, va le pousser à monter l'*Expédition du Kalahari* en compagnie d'un cinéaste. Enfin voir de ses yeux, un de ces petits chasseurs qui a « la nécessité vitale d'emmagasiner de grosses réserves de nourriture dans son corps, aussi, quand il était repu, son ventre était-il aussi énorme que celui d'une femme enceinte. Si la saison avait été bonne, sa silhouette ressemblait à celle d'un cupidon de

Rubens, avec avancées devant et derrière… Son derrière lui rendait à peu près le même service que la bosse du chameau ! » Laurens van der Post va se trouver nez à nez – façon de parler pour l'Afrikaner de haute taille qu'il est – avec une de ces créatures d'un autre règne. Son ami Dabé va le saluer selon la tradition des Boschimans pour le dissuader d'utiliser la sagaie qu'il a bien en main : « Bonjour ! Je t'ai vu de loin et je meurs de faim. » Là-dessus, le petit chasseur plantera son arme dans le sable, lèvera « sa main droite, paume ouverte et doigts à la verticale… » dans cette posture, il pourra saluer à son tour : « Bonjour ! J'étais mort, mais maintenant que vous êtes venus, je vis de nouveau. »

LÉONIE D'AUNET

Maîtresse extrême

Juillet 1839, la corvette La Recherche, *bâtiment de la Marine nationale, hisse la grand-voile pour quitter Hammerfest, la ville la plus au nord de la Norvège. En avant toute vers le pôle Arctique et son désert blanc. À son bord, malgré l'interdiction réglementaire, une femme, Léonie d'Aunet aux côtés d'un physicien, un botaniste, un ingénieur-hydrographe et trois peintres dont son compagnon, François Biard.*

Les déserts ont leur poésie propre : déserts de sable, déserts de glace, c'est toujours l'infini de la solitude, et nulle voix ne parle à l'âme un langage plus émouvant. Oui, lorsque j'avais en face de moi le vaste océan Polaire chargé de bancs de glaces, quand les grands rochers noirs me masquaient la vue de la corvette, si tout à coup le vent s'élevait, si la mer grondait, si les glaciers s'écroulaient autour de moi avec leurs bruits formidables, si la neige m'enveloppait de ses violents tourbillons, alors il me semblait que j'entendais la voix même du Tout-Puissant, dont un souffle peut bouleverser le monde, et je me recueillais dans une muette prière.

Un jour pourtant, un seul jour, il nous fut donné de voir le Spitzberg égayé : c'était le 10 août. Dès le matin, les grands rideaux de brume qui voilaient sans cesse l'horizon furent tirés comme par une main invisible, et, miracle ! le soleil, un vrai, beau, éclatant soleil apparut ;

sous son influence, la baie devint admirable ! les nuages coururent dans le ciel, emportés comme de légers flocons ; les grands rochers laissèrent glisser leurs manteaux de neige ; la mer s'agita et frémit sous les glaces étincelantes qui s'y abîmaient de toutes parts : il semblait que les rayons du soleil eussent donné la vie à ce pays mort et sinistre, et que la terre entrât en travail de printemps. C'était le dégel, le dégel complet, bruyant et joyeux, le dégel salué partout comme la fin de la saison triste. Hélas ! au Spitzberg, le dégel, le printemps, l'été, tout cela dure quelques heures ! Le lendemain même de ce beau jour, la brume obscurcit le ciel ; une sombre atmosphère fit place au jour éclatant, le froid revint plus intense, la rafale gémit lugubrement, les glaces restèrent immobiles, se soudant de nouveau aux rochers, et tout commença à se rendormir de ce sommeil glacé et funèbre qui dure plus de onze mois.

Le retour subit de l'hiver nous obligea à songer au départ ; toute tentative pour pénétrer plus au nord devenait impraticable ; quatre jours après cet avertissement, le 14 août, nous quittions la baie de la Madeleine, ramenés vers la pleine mer par nos chaloupes, montées par de vigoureux rameurs. Je ne m'embarquai pas sans aller faire une dernière prière sur la tombe de ces infortunés marins qui, après notre départ, ne recevraient peut-être plus jamais aucune visite humaine.

Je vis, avec un sentiment de profond allégement, disparaître successivement à mes yeux les montagnes déchirées, les pics aigus, les glaciers immenses de la baie ; je me sentais sauvée d'un danger imminent, le plus grand assurément que je pusse jamais courir, celui d'être emprisonnée dans ces horribles glaces et d'y mourir, comme nos prédécesseurs, dans les affreuses tortures du froid.

Voyage d'une femme au Spitzberg

En 1839, Léonie a dix-neuf ans. Il est à peu près certain qu'elle est la première Européenne à aborder la Laponie. Quelques années plus tard, elle affrontera des péripéties autrement périlleuses pour une femme. Elle sera surprise en flagrant délit d'adultère avec Victor Hugo. Vilipendée dans la presse, elle sera même incarcérée à Saint-Lazare avant d'être bouclée dans un couvent pour trois mois. La mésaventure du pair de France mit fort en émoi son collègue Lamartine : « L'aventure de mon pauvre ami Hugo me désole... Ce qui doit être navrant pour lui, c'est de sentir cette pauvre femme en prison, pendant qu'il est libre. » Pas un mot sur les affres de Léonie qui n'est pas femme à baisser les bras en pareille adversité. Tout le monde lui tourne le dos. Elle est sans le sou. Qu'à cela ne tienne, elle gagnera sa vie en publiant en 1854, *Voyage d'une femme au Spitzberg*. Le succès est au rendez-vous. Elle est devenue une femme libre qui va continuer de publier avec un talent certain. Les méchantes langues diront, à tort, que c'est Victor Hugo qui tient la plume... Il faut dire que Léonie, de grande beauté, audacieuse à l'extrême, pas gênée de cocufier son mari, portraitiste à la cour de Louis-Philippe, avec une gloire nationale, prêtait son admirable flanc à la critique bigote de ces temps-là. Et si ces beaux hypocrites avaient pu lire ce que lui écrivit l'ardent Victor, ils auraient avalé de travers leur digne salive : « ... Vois-tu dans les moments où je pénètre dans toi, où nous sommes moralement et physiquement, tellement mêlés... nous ne sommes plus en réalité... qu'un seul corps, qu'une seule âme, dans ces moments-là, je voudrais mourir. »

« Le goût de... »

Le chant des villes
Le goût d'Antibes
Le goût d'Alexandrie
Le goût d'Alger
Le goût d'Amsterdam
Le goût d'Athènes
Le goût de Bali
Le goût de Barcelone
Le goût de Belgrade
Le goût de Beyrouth
Le goût de la Birmanie
Le goût de Bruxelles
Le goût de Budapest
Le goût de Cannes
Le goût de Capri
et autres îles italiennes
Le goût de la Croatie
Le goût de Cuba
Le goût de Dublin
Le goût de l'Engadine
Le goût de Florence
Le goût du football
Le goût de Genève
Le goût de la Haute-Provence
Le goût des villes de l'Inde
Le goût d'Istanbul
Le goût des jardins
Le goût de Jérusalem
Le goût de Lisbonne
Le goût de la Loire
Le goût de Londres
Le goût de Los Angeles
Le goût de Lyon
Le goût de Marrakech
Le goût de la Martinique
Le goût du mont Blanc
Le goût du Mont-Saint-Michel
Le goût de Moscou
Le goût de Nancy
Le goût de Naples
Le goût du Népal
Le goût d'Odessa
Le goût de Palerme
Le goût de Paris
(3 volumes : 1. Le mythe ;
2. L'espace ; 3. Le temps)
Le goût de Pékin
Le goût du Périgord
Le goût de Prague
Le goût du Rhin
Le goût de Rio
Le goût de Rome
Le goût de Saint-Jacques-
de-Compostelle
Le goût de Saint-Pétersbourg
Le goût de Salzbourg
Le goût du Sénégal
Le goût de Séville
Le goût de Shanghai
Le goût de Strasbourg
Le goût de Tanger
Le goût de Toulouse
Le goût de Trieste
Le goût de Venise
Le goût de Vienne
Le goût du Vietnam

Réalisation Pao : Dominique Guillaumin

Achevé d'imprimer
sur les presses de l'imprimerie Hérissey
en décembre 2006.
Imprimé en France.

Dépôt légal : décembre 2006
N° d'imprimeur : 103479

143194